„Warum sind wir in Deutschland sofort Nazis oder Rassisten?"

Anastasia Müller

Anastasia Müller Kirchlinderstraße.15
44379 Dortmund

ISBN: 9798304515979
Imprint: Independently published

Cover design by: Art Painter
Library of Congress Control Number: 2018675309
Printed in the United States of America

Contents

Nachwort:

„Warum sind wir in Deutschland sofort Nazis oder Rassisten?" – Der Titel dieses Buches mag im ersten Moment provozieren. Vielleicht hat er Sie neugierig gemacht, vielleicht hat er aber auch ein Stirnrunzeln oder gar Empörung ausgelöst. Und genau das ist der Punkt: In Deutschland genügt oft schon eine unbedachte Äußerung, eine kontroverse Meinung oder ein falsches Wort, und die Debatte gerät schnell in Schieflage. Begriffe wie „Nazi" oder „Rassist" fallen manchmal überraschend schnell – oft auch, ohne dass es der Sache gerecht wird.

Doch woran liegt das? Ist es unsere deutsche Geschichte, die wie ein Schatten über uns liegt? Sind es gesellschaftliche Ängste, die uns dazu bringen, andere sofort zu verurteilen? Oder fehlt uns schlichtweg der Raum, um über schwierige Themen differenziert zu sprechen?

Dieses Buch ist kein Versuch, jemandem Recht zu geben oder die Schuldfrage zu klären. Es ist ein Versuch, zu verstehen. Warum sind Diskussionen über Themen wie Migration, Identität oder Geschichte in Deutschland oft so emotional? Warum fällt es uns schwer, zwischen Meinungsäußerung und Diskriminierung zu unterscheiden? Und wie können wir einen Umgang finden, der es ermöglicht, offen, ehrlich und respektvoll miteinander zu sprechen?

Mit einer Mischung aus Humor, Reflexion und Alltagsbeispielen möchte dieses Buch nicht nur provozieren, sondern auch inspirieren. Es lädt dazu ein, einen Blick hinter die Kulissen unserer Debattenkultur zu werfen – ohne Zeigefinger, aber auch ohne Scheuklappen.

Sind Sie bereit, mit uns auf diese Reise zu gehen? Dann lassen Sie uns gemeinsam die Schubladen öffnen und nachsehen, was wirklich dahintersteckt.

Kapitel 1: Darf man in Deutschland stolz auf sein Land sein?

Deutschland. Ein Land mit einer reichen Kultur, beeindruckender Geschichte und einer tragischen Vergangenheit. Ein Land, das weltweit für seine Ingenieurskunst, seine Dichter und Denker und – ja – auch für seine Disziplin bekannt ist. Doch während Franzosen stolz den Tricolore schwenken und Amerikaner am 4. Juli mit der Hand aufs Herz die Nationalhymne singen, scheinen wir Deutschen oft in einer Grauzone festzustecken, wenn es um das Thema Nationalstolz geht.

Warum eigentlich?

Die Last der Geschichte

Die deutsche Geschichte, vor allem die des 20. Jahrhunderts, hat das Bild unseres Landes im In- und Ausland geprägt. Der Nationalsozialismus und die damit verbundenen Verbrechen haben eine tiefe

Wunde hinterlassen. Diese dunkle Epoche hat uns gelehrt, uns selbst kritisch zu hinterfragen – und das ist auch richtig so. Aber hat diese notwendige Selbstkritik irgendwann in eine Selbstverleugnung umgeschlagen?

Während andere Nationen ihre Geschichte mit all ihren Licht- und Schattenseiten feiern, scheint es in Deutschland, als müssten wir uns für alles entschuldigen, was vor 1945 geschehen ist. Natürlich trägt unser Land eine Verantwortung – eine Verantwortung, die es auch heute noch ernst nimmt. Aber muss diese Verantwortung bedeuten, dass wir jede Form von Nationalstolz unterdrücken?

Was bedeutet Nationalstolz wirklich?

Stolz auf das eigene Land zu sein, bedeutet nicht, es über andere zu stellen. Es bedeutet auch nicht, blind für Fehler oder Missstände zu sein. Es bedeutet vielmehr, die positiven Aspekte des Landes zu schätzen, sich mit seiner Kultur, seinen Werten und seiner Gemeinschaft zu identifizieren.

Wenn ich sage, dass ich stolz bin, Deutsche zu sein, dann meine ich nicht, dass ich andere Länder oder Kulturen für weniger wert halte. Ich sage nicht, dass Deutschland perfekt ist oder dass ich mit allem einverstanden bin, was hier geschieht. Ich sage lediglich, dass ich mein Land schätze – mit all seinen Stärken und Schwächen.

Der Unterschied zu anderen Ländern

Stellen Sie sich einen Franzosen vor, der sagt: „Ich

liebe Frankreich." Niemand würde daran Anstoß nehmen. Oder einen Amerikaner, der stolz die Stars and Stripes hisst. Selbst ein Pole, der sagt: „Ich bin stolz auf Polen", wird in den meisten Fällen nicht hinterfragt. Aber wenn ein Deutscher sagt: „Ich bin stolz, Deutscher zu sein", ist die Reaktion oft eine Mischung aus Skepsis und Ablehnung.

Warum?

Ein Teil davon liegt sicherlich in unserer Geschichte begründet. Aber ein weiterer Grund ist, dass Nationalstolz in Deutschland oft mit Nationalismus verwechselt wird. Dabei gibt es einen entscheidenden Unterschied: Nationalismus erhebt das eigene Land über andere, während Nationalstolz lediglich die Wertschätzung für das eigene Land ausdrückt.

Die Angst vor der rechten Ecke

Ein weiteres Problem ist die Angst, in die „rechte Ecke" gestellt zu werden. Begriffe wie „Vaterland" oder „Heimat" sind für viele Deutsche fast schon tabu. Sie wurden von extremistischen Gruppen gekapert und in einen Kontext gestellt, der nichts mit ihrer ursprünglichen Bedeutung zu tun hat.

Das ist nicht nur schade, sondern auch gefährlich. Denn wenn wir diese Begriffe den Radikalen überlassen, verlieren wir die Möglichkeit, sie positiv zu besetzen. Heimat ist mehr als nur ein Wort. Es ist ein Gefühl, ein Ort, eine Gemeinschaft. Und Vaterland – so veraltet der Begriff auch klingen mag – ist nichts anderes als ein Ausdruck für die Verbindung zu dem Land, in dem man lebt und das man liebt.

Die Kunst des differenzierten Stolzes

Wie können wir also einen gesunden Umgang mit Nationalstolz finden?

Zunächst einmal müssen wir uns von dem Gedanken lösen, dass Stolz auf das eigene Land etwas Negatives ist. Es ist möglich, stolz auf Deutschland zu sein und gleichzeitig die Verantwortung für unsere Geschichte anzuerkennen. Es ist möglich, die Werte und Errungenschaften unseres Landes zu feiern, ohne dabei die Vielfalt und Gleichwertigkeit anderer Kulturen zu vergessen.

Ein solcher differenzierter Stolz erfordert Mut. Mut, Missverständnisse auszuhalten. Mut, sich gegen Vorurteile zu wehren. Und Mut, die eigene Meinung klar zu artikulieren, auch wenn sie nicht immer auf Zustimmung stößt.

Ein persönlicher Blick

Ich selbst bin in Deutschland geboren und aufgewachsen. Ich liebe dieses Land – seine Wälder und Berge, seine Kultur und seine Sprache. Ich liebe die Vielfalt der Menschen, die hier leben, und die Werte, für die Deutschland steht: Demokratie, Freiheit, Gerechtigkeit.

Ja, ich besitze Nationalstolz. Und ja, ich meide Begriffe wie „Vaterland", weil ich weiß, wie schnell man dafür in die rechte Ecke gedrängt wird. Aber ist es nicht traurig, dass ich mich so ausdrücken muss? Dass ich meine Liebe zu Deutschland fast schon entschuldigen muss?

Ein Aufruf zum Umdenken

Es wird Zeit, dass wir in Deutschland eine neue Art von Nationalstolz entwickeln – einen, der nicht ausgrenzt, sondern verbindet. Einen, der nicht blind ist, sondern reflektiert. Einen, der nicht spaltet, sondern vereint.

Denn letztendlich ist Stolz auf das eigene Land nichts anderes als ein Ausdruck von Liebe. Und Liebe – egal ob zu einem Menschen oder zu einem Land – sollte nie etwas sein, wofür man sich schämen muss.

Kapitel 2: Blaue Augen, blonde Haare – Wer verhält sich hier eigentlich falsch?

Blonde Haare und blaue Augen. In einer Welt, die sich Vielfalt und Toleranz auf die Fahne geschrieben hat, sollte das nichts weiter sein als eine Beschreibung. Doch in Deutschland scheinen diese Merkmale mit einer Bürde behaftet, die sich nur schwer abschütteln lässt. Sie scheinen nicht nur ein Stück Äußerlichkeit zu sein, sondern eine Projektionsfläche – für Vorurteile, Ressentiments und pauschale Verurteilungen.

Warum ist das so? Und wer verhält sich hier eigentlich falsch? Sind es die Menschen, die durch ihr Aussehen in eine Schublade gesteckt werden, oder die, die diese Schubladen öffnen und füllen?

Der reflexhafte Zeigefinger

Stellen wir uns eine einfache Szene vor: Eine Frau mit blonden Haaren und blauen Augen weist jemanden zurecht, der ihr unangemessen begegnet. Vielleicht hat er sie respektlos angesprochen, vielleicht eine Grenze überschritten. Sie reagiert selbstbewusst und klar. Und was geschieht? Sie wird nicht für ihr Verhalten bewertet, sondern für ihr Aussehen.

„Nazischlampe!"

„Ach, die typische Deutsche, arrogant und überheblich."

In solchen Momenten frage ich mich: Wer verhält sich hier eigentlich falsch? Die Person, die sich wehrt und für ihre Würde einsteht? Oder diejenige, die reflexartig mit Beleidigungen und Vorurteilen reagiert, ohne den Menschen hinter der Fassade zu sehen?

Die Macht der Projektion

Blonde Haare und blaue Augen tragen eine historische Last, das ist unbestritten. Aber diese Last wurde nicht von den Menschen geschaffen, die heute mit diesen Merkmalen geboren werden. Es sind keine Eigenschaften, die sich jemand ausgesucht hat, ebenso wenig wie andere äußerliche Merkmale. Trotzdem werden sie oft zum Symbol gemacht – für etwas, das längst vergangen ist und mit dem die meisten von uns nichts zu tun haben.

Doch warum projizieren Menschen solche Vorurteile? Vielleicht, weil es einfacher ist, andere zu kategorisieren, als sich mit der Komplexität der Realität auseinanderzusetzen. Vielleicht auch, weil es bequemer ist, mit dem Finger auf andere zu zeigen, anstatt das eigene Verhalten zu reflektieren.

Grenzen ziehen: Ein notwendiger Akt

Wenn ich andere Menschen zurechtweise, weil sie mich respektlos behandeln, ist das kein Akt der Überheblichkeit oder Arroganz. Es ist ein notwendiger Akt der Selbstachtung. Doch genau dieser Akt wird oft gegen mich verwendet.

In diesen Momenten frage ich mich: Ist es wirklich mein Verhalten, das hier kritisiert wird? Oder ist es nur eine Ausrede, um mich anhand meines Aussehens in eine Schublade zu stecken? Denn seien wir ehrlich: Grenzen zu setzen ist nicht falsch. Grenzen zu missachten – das ist falsch.

Wer ist wirklich intolerant?

In einer Gesellschaft, die sich Toleranz auf die Fahnen schreibt, ist es paradox, dass gerade diejenigen, die am lautesten nach Offenheit rufen, oft die ersten sind, die andere verurteilen. Intoleranz zeigt sich nicht nur in offensichtlichem Rassismus oder Diskriminierung. Sie zeigt sich auch in Vorurteilen, die auf den ersten Blick harmlos wirken, aber tief verletzen können.

Wenn ich aufgrund meiner blonden Haare und blauen Augen automatisch in eine rechte Ecke gedrängt werde, dann zeigt das nicht meine Intoleranz – sondern die derjenigen, die mich verurteilen.

Die Verantwortung jedes Einzelnen

Natürlich könnten wir die Verantwortung für

diese Dynamik allein auf die Gesellschaft schieben. Aber ist das fair? Letztlich trägt jeder Einzelne dazu bei, wie wir miteinander umgehen. Es sind unsere eigenen Vorurteile, unsere Reflexe, unsere Entscheidungen, die den Unterschied machen.

Die Frage ist also: Wie gehen wir mit diesen Vorurteilen um? Lassen wir uns von ihnen leiten? Oder sind wir bereit, sie zu hinterfragen und abzulegen?

Fazit: Wer blickt wirklich hin?

Die These, dass blonde Haare und blaue Augen automatisch mit einer politischen Haltung gleichgesetzt werden, ist absurd. Doch solange wir sie nicht aktiv hinterfragen, bleibt sie bestehen.

Die Wahrheit ist: Es ist nicht falsch, Grenzen zu ziehen, wenn andere Menschen respektlos sind. Es ist auch nicht falsch, sich für sein eigenes Aussehen oder seine Herkunft nicht rechtfertigen zu wollen. Falsch ist es, andere vorschnell zu verurteilen, ohne wirklich hinzusehen.

Also, wer verhält sich hier eigentlich falsch? Die Antwort liegt auf der Hand.

Kapitel 3: Deutschlands Wandel – Von der starken Wirtschaft zur zerbröckelnden Identität

Deutschland galt lange als das Land der Stabilität: eine starke Wirtschaft, eine lebendige Demokratie und eine Gesellschaft, die sich durch Ordnung und Fleiß auszeichnete. Doch die letzten Jahre haben gezeigt, dass dieses Bild bröckelt. Die einstige Stärke ist ins Wanken geraten, die Demokratie wirkt fragiler, und der gesellschaftliche Zusammenhalt scheint mehr und mehr zu erodieren.

Wie konnte es so weit kommen? Und was bedeutet dieser Wandel für die Art und Weise, wie wir uns selbst sehen und unser Land wahrnehmen?

Der Niedergang der Wirtschaft

Deutschland war einst bekannt als die Lokomotive Europas. Der Mittelstand, das Rückgrat der

Wirtschaft, florierte, und deutsche Ingenieurskunst war weltweit gefragt. Doch heute sieht die Lage anders aus. Die Industrie kämpft mit dem Wandel, zahlreiche Unternehmen verlagern ihre Produktion ins Ausland, und Bürokratie sowie hohe Steuerbelastungen ersticken Innovationen im Keim.

Die Automobilindustrie, lange Zeit das Aushängeschild des deutschen Erfolgs, steht unter immensem Druck. Die Energiewende, so ambitioniert sie auch ist, hat viele Unternehmen vor kaum lösbare Herausforderungen gestellt. Und während andere Länder ihre Wirtschaft auf digitale Technologien ausrichten, hinkt Deutschland hinterher – gefangen in alten Strukturen und einem Mangel an Mut für radikale Veränderungen.

Demokratie in der Krise

Auch die Demokratie, die einst als lebendig und robust galt, zeigt Risse. Viele Menschen fühlen sich von der Politik nicht mehr vertreten, der Vertrauensverlust in Institutionen nimmt zu. Protestbewegungen, die von einer breiten Unzufriedenheit gespeist werden, sind keine Randerscheinungen mehr, sondern ein Spiegelbild eines tiefen gesellschaftlichen Bruchs.

Es scheint, als ob die Politik oft nicht in der Lage ist, die drängenden Probleme der Gegenwart zu lösen. Stattdessen wird viel Zeit mit Symbolpolitik und endlosen Diskussionen verschwendet, während konkrete Maßnahmen ausbleiben.

Der Verlust des Zusammenhalts

Vielleicht am bedrückendsten ist der Verlust des gesellschaftlichen Zusammenhalts. Deutschland, einst ein Land, das sich durch Solidarität und Gemeinschaftssinn auszeichnete, wirkt heute gespalten. Unterschiedliche Weltanschauungen prallen aufeinander, und der Ton in der öffentlichen Debatte ist rauer geworden.

Ob es um Themen wie Migration, Klimaschutz oder soziale Gerechtigkeit geht – oft fehlt die Bereitschaft, Kompromisse zu finden oder die Perspektive des anderen zu verstehen. Stattdessen dominieren Schwarz-Weiß-Denken und gegenseitige Schuldzuweisungen.

Die Frage nach der Identität

Inmitten dieses Wandels steht die Frage: Was ist Deutschland heute? Die einstigen Stärken des Landes – Wirtschaftskraft, demokratische Stabilität, gesellschaftlicher Zusammenhalt – scheinen zu verblassen. Doch ohne eine klare Identität fällt es schwer, optimistisch in die Zukunft zu blicken.

Es ist kein Zufall, dass in solchen Zeiten Begriffe wie Nationalstolz oder Heimatliebe so kontrovers diskutiert werden. In einer Phase, in der alte Sicherheiten schwinden, suchen viele Menschen nach neuen Ankerpunkten. Doch diese Suche wird oft abgewertet oder missverstanden, als wäre sie per se reaktionär oder rückwärtsgewandt.

Wer trägt die Verantwortung?

Die Schuld für diesen Wandel lässt sich nicht auf einen einzigen Faktor reduzieren. Es ist eine Mischung aus politischen Fehlentscheidungen, globalen Veränderungen und gesellschaftlichen Entwicklungen, die dazu geführt haben, dass Deutschland nicht mehr das Land ist, das es einst war.

Doch anstatt die Verantwortung für diesen Zustand zu übernehmen, schieben viele Akteure – Politiker, Medien, Bürger – die Schuld auf andere. Diese Dynamik verstärkt den gesellschaftlichen Bruch und macht es noch schwieriger, gemeinsam Lösungen zu finden.

Ein Blick nach vorne

So düster die Lage auch erscheinen mag, der Wandel bietet auch Chancen. Vielleicht liegt in der Krise die Möglichkeit, alte Strukturen zu überdenken und eine neue Vision für Deutschland zu entwickeln. Doch dafür braucht es Ehrlichkeit, Mut und den Willen, sich mit den eigenen Schwächen auseinanderzusetzen.

Deutschland hat sich gewandelt, daran besteht kein Zweifel. Aber der Weg, den wir in die Zukunft einschlagen, liegt in unseren Händen. Die Frage ist: Sind wir bereit, uns der Realität zu stellen und gemeinsam an einer neuen Identität zu arbeiten?

Die Rolle der Gesellschaft im Wandel

Der gesellschaftliche Wandel in Deutschland ist

nicht nur eine Folge politischer oder wirtschaftlicher Veränderungen. Er ist auch ein Produkt einer tiefgreifenden kulturellen Transformation. Die Werte, die Deutschland lange geprägt haben – wie Fleiß, Verantwortung und Gemeinsinn – sind nicht mehr die alleinigen Maßstäbe. Stattdessen hat sich eine neue Generation von Menschen herausgebildet, die mit anderen Herausforderungen und Erwartungen an die Zukunft heranwächst.

In vielen Städten sieht man eine immer größer werdende Kluft zwischen denjenigen, die sich nach einer Rückkehr zu den „guten alten Zeiten" sehnen, und denjenigen, die den Wandel als eine Chance für mehr Diversität, Kreativität und Flexibilität begreifen. Diese Spaltung ist nicht nur politisch oder wirtschaftlich, sondern auch tief kulturell. Sie führt zu einem Auseinanderdriften der Gesellschaft. Die Frage, wie und in welchem Maße sich alte Werte mit neuen gesellschaftlichen Anforderungen vereinbaren lassen, wird nicht nur in den Medien und der Politik diskutiert, sondern auch in jedem Gespräch, das wir führen.

In vielen Bereichen wird diese Auseinandersetzung von einer zunehmenden Entfremdung begleitet. Es entsteht der Eindruck, dass „die anderen" – sei es die ältere Generation, Migranten oder Menschen aus bestimmten sozialen Schichten – nicht mehr miteinander reden können oder wollen. Der gesellschaftliche Konsens, der Deutschland lange stabil gehalten hat, ist brüchig geworden. Diese Risse in der Gesellschaft zu erkennen und zu benennen, ist ein erster Schritt, um der Fragmentierung entgegenzuwirken.

Identität im Wandel – Eine neue Selbstfindung

Der Verlust von alten Sicherheiten stellt auch die Frage nach der Identität auf. Wenn Deutschland nicht mehr das Land der unerschütterlichen Wirtschaftskraft oder der strikten Ordnung ist, was bleibt dann übrig? Viele Menschen stellen sich diese Frage, und oft wird sie mit einem tiefen Gefühl der Unsicherheit beantwortet. Wenn alles im Wandel ist, wie definiert man dann „Deutschsein"?

Es gibt sicherlich keine einfache Antwort auf diese Frage. Doch vielleicht ist der Weg nicht, sich an alten Traditionen festzuklammern, sondern vielmehr eine neue Art von Identität zu entwickeln – eine, die die Wurzeln der Vergangenheit respektiert, aber auch Raum für Innovation, Vielfalt und Veränderung lässt.

In einer Welt, in der sich politische, wirtschaftliche und gesellschaftliche Grenzen zunehmend verwischen, könnte „Deutschsein" nicht mehr nur durch die nationale Zugehörigkeit definiert werden. Es könnte vielmehr eine Haltung zum Leben sein, die sich durch Toleranz, Offenheit und den Willen zur Selbstreflexion auszeichnet. Vielleicht ist das die Herausforderung der nächsten Generation: zu erkennen, dass eine Identität nicht statisch, sondern dynamisch ist.

Die Verantwortung der Politik – Mut zur Veränderung

In dieser neuen Selbstfindung Deutschlands spielt die Politik eine Schlüsselrolle. Die politischen Akteure sind gefragt, eine Vision für die Zukunft zu entwickeln, die sowohl die alten Werte als auch die neuen Realitäten berücksichtigt. Doch genau hier liegt das Problem: Die Politik in Deutschland ist zunehmend geprägt von kurzfristigem Denken und der Angst vor dem Verlust von Wählerstimmen.

Anstatt langfristige Lösungen zu finden, neigen viele Politiker dazu, sich mit Symbolpolitik und populistischen Maßnahmen zufrieden zu geben. Die Angst, Entscheidungen zu treffen, die möglicherweise unbeliebt sind, lähmt den politischen Diskurs. Doch genau diese Lähmung ist es, die den gesellschaftlichen Wandel aufhält und das Vertrauen in die politischen Institutionen weiter untergräbt.

Es braucht Politiker, die den Mut haben, unangenehme Themen anzusprechen, die den Willen haben, das Land zukunftsfähig zu machen, auch wenn es nicht populär ist. Eine Politik, die den Wandel aktiv gestaltet und nicht nur reagiert, könnte ein wichtiger Bestandteil der neuen deutschen Identität werden.

Eine Gesellschaft im Umbruch – der Weg in die Zukunft

Deutschland steht an einem Wendepunkt. Die

Zeichen der Zeit sind eindeutig: Die Welt hat sich verändert, und Deutschland muss sich mit ihr verändern. Es reicht nicht mehr, sich an der Vergangenheit festzuhalten oder in einer nostalgischen Vorstellung von „früher" zu verharren. Die Zukunft wird von jenen gestaltet, die bereit sind, neue Wege zu gehen, die in der Lage sind, die Fehler der Vergangenheit zu erkennen und daraus zu lernen.

Doch das ist nicht nur Aufgabe der Politik oder der Wirtschaft. Jeder von uns muss sich der Herausforderung stellen, den Wandel aktiv zu gestalten. Das beginnt im Kleinen – in den Gesprächen, die wir führen, in den Entscheidungen, die wir treffen, und in den Werten, die wir vertreten. Die Frage, die sich jeder Einzelne stellen muss, lautet: Wie will ich Teil einer Gesellschaft sein, die sich gerade neu erfindet?

Fazit: Die Chance im Wandel

Deutschland hat sich gewandelt. Die Frage ist nicht, ob dieser Wandel gut oder schlecht ist, sondern wie wir ihn gestalten. Wir stehen vor der Chance, eine Gesellschaft zu schaffen, die offen für die Zukunft ist, aber zugleich die Lehren der Vergangenheit nicht vergisst. Es ist eine Herausforderung, aber auch eine enorme Chance, die nicht leichtfertig verspielt werden sollte.

Wenn Deutschland in der Lage ist, den Wandel zu akzeptieren, statt sich dagegen zu wehren, wenn es die Unsicherheiten als Teil des Prozesses begreift und die Verantwortung für die Zukunft übernimmt, dann kann das Land zu einem Ort werden, der nicht nur in Europa, sondern weltweit als Vorbild für einen respektvollen und dynamischen Umgang mit Veränderung gilt.

Doch dieser Weg führt nur über den Mut, sich selbst zu hinterfragen und die Verantwortung nicht nur zu übernehmen, sondern sie aktiv zu gestalten. In einer Welt, in der alles im Umbruch ist, ist dies die einzige Möglichkeit, einen festen Platz in der Zukunft zu finden.

Kapitel 4: Identität in der Krise – Was bedeutet Heimat in einer globalisierten Welt?

Deutschland steht vor einer der größten Herausforderungen seiner Geschichte: der Neudefinition seiner Identität im Angesicht der tiefgreifenden Veränderungen. Doch was bedeutet Heimat in einer Welt, die immer mehr miteinander vernetzt und gleichzeitig immer unübersichtlicher wird? Kann man in einem Land, das mit wirtschaftlichen und politischen Turbulenzen kämpft, noch von einer klaren nationalen Identität sprechen? Und vor allem: Was bedeutet es, in Deutschland zu leben und sich mit diesem Land zu identifizieren?

Die Illusion der Heimat

Heimat ist mehr als nur ein geografischer Ort, sie ist ein Gefühl, das tief in unserem Inneren verwurzelt ist. Für viele ist Heimat ein Ort, der mit Erinnerungen und einer Geschichte verknüpft ist – ein Ort, an dem man sich sicher fühlt, der einem Zugehörigkeit vermittelt und in dem man sich als Teil einer größeren Gemeinschaft versteht. Doch diese Vorstellung von Heimat ist zunehmend in Frage gestellt worden. In einer globalisierten Welt, in der Menschen aus aller Welt zusammenkommen, um zu arbeiten, zu leben und zu lernen, fällt es immer schwerer, an einem einzigen Ort festzuhalten.

Deutschland, das Land der Einwanderung, der Globalisierung und der zunehmenden kulturellen Diversität, steht vor der Herausforderung, diese alte Vorstellung von Heimat mit der Realität der modernen Welt in Einklang zu bringen. Heimat, so scheint es, ist heute nicht mehr nur ein geografischer Raum, sondern ein sich ständig veränderndes Konzept, das von vielen Faktoren beeinflusst wird.

Heimat in der Krise – Der Kampf um die nationale Identität

Dieser Wandel wird oft als Bedrohung wahrgenommen. Die zunehmende Diversität in Deutschland, die Ankunft von Millionen von Migranten, die Globalisierung und der Verlust traditioneller Werte führen dazu, dass viele Menschen sich mit der Frage nach ihrer Zugehörigkeit konfrontiert sehen. Wer gehört noch zu uns? Was macht uns als Land aus? Und ist Deutschland noch das Land, das wir kannten?

Diese Fragen sind nicht nur theoretisch, sondern

betreffen den Alltag vieler Menschen. In den letzten Jahren hat sich eine gesellschaftliche Diskussion entfaltet, die oft von Ängsten und Unsicherheiten geprägt ist. Der Verlust von nationaler Identität und Zusammenhalt wird von vielen als eine der größten Bedrohungen empfunden. Insbesondere in ländlichen Regionen und kleineren Städten wächst das Gefühl, dass die Welt sich schneller verändert, als man es bewältigen kann. Die traditionelle Vorstellung von Heimat und Nation scheint zusehends zu verblassen.

Und dennoch – auch in dieser Krise liegt eine Chance. Die Herausforderung besteht darin, diese neue, fließende Identität zu verstehen und zu akzeptieren. Heimat muss nicht mehr nur das Land in seinen alten Grenzen sein, sondern auch ein Gefühl der Zugehörigkeit zu einer Gemeinschaft, die sich durch gemeinsame Werte und Erfahrungen definiert. Vielleicht ist der wahre Kern von Heimat heute nicht mehr der Geburtsort, sondern das, was man aktiv mitgestaltet – in einer Gesellschaft, die sich im ständigen Wandel befindet.

Der Einfluss der Globalisierung

Ein weiterer entscheidender Faktor in der Debatte um Heimat und nationale Identität ist die Globalisierung. In einer Welt, in der Menschen, Ideen und Waren ständig über Grenzen hinweg miteinander in Kontakt stehen, verschwimmen die alten Vorstellungen von nationaler Zugehörigkeit.

Deutsche Unternehmen sind international tätig, deutsche Kultur wird weltweit konsumiert, und immer mehr Deutsche leben oder arbeiten im Ausland. Diese Vernetzung verändert nicht nur unsere Wirtschaft, sondern auch unsere gesellschaftliche Wahrnehmung.

Globalisierung ist eine Realität, die sowohl Chancen als auch Herausforderungen mit sich bringt. Einerseits ermöglicht sie den Austausch von Ideen und die Öffnung neuer Märkte, andererseits führt sie zu einem Verlust von lokalen Identitäten und einer Verstärkung der Entfremdung. Die traditionellen Verbindungen zu einem Land oder einer Region verlieren an Bedeutung, während das Gefühl der Zugehörigkeit zu einer globalen Gemeinschaft wächst.

Doch auch in dieser globalisierten Welt bleibt der Wunsch nach einem Ort der Heimat bestehen. Der Unterschied ist, dass Heimat heute nicht mehr nur ein geographischer Raum ist, sondern auch ein kulturelles und emotionales Konstrukt, das nicht an nationale Grenzen gebunden ist. In dieser neuen Weltordnung sind Menschen eher bereit, sich verschiedenen Kulturen und Gemeinschaften zuzuwenden, wenn sie dort Anerkennung und Zugehörigkeit erfahren. Heimat wird zum Konzept der emotionalen Bindung, nicht mehr nur der physischen Nähe.

Die Suche nach Zugehörigkeit und

Selbstverständnis

Inmitten dieser Umbrüche wird es immer schwieriger, eine klare nationale Identität zu definieren. Für viele Deutsche ist es heute nicht einfach, sich mit einem Land zu identifizieren, das in vielen Bereichen hinter den eigenen Ansprüchen zurückzubleiben scheint. Die Wirtschaft schwächelt, die politischen Institutionen verlieren an Vertrauen, und der gesellschaftliche Zusammenhalt ist gefährdet. Wie soll man sich als Deutscher fühlen, wenn das Land sich zunehmend als gespalten und unsicher präsentiert?

Vielleicht liegt die Antwort darin, die Vorstellung von Heimat und Identität zu erweitern. Statt an einer veralteten Vorstellung von „Deutschland" festzuhalten, könnte es an der Zeit sein, eine neue Definition von Zugehörigkeit zu finden – eine Definition, die die Vielfalt und die unterschiedlichen Lebensrealitäten in Deutschland anerkennt. Die Identität eines Landes wird nicht nur durch seine Geschichte und Kultur bestimmt, sondern auch durch seine Fähigkeit, neue Perspektiven zu integrieren und sich an die globalen Herausforderungen anzupassen.

Wie wird aus dieser Krise eine Chance?

Die Antwort auf diese Fragen liegt nicht in der Abwehr von Veränderungen, sondern in der aktiven Auseinandersetzung mit der neuen Realität. Deutschland muss erkennen, dass die Welt sich verändert hat, und dass eine nationale Identität nicht starr, sondern dynamisch sein muss, um den Herausforderungen der Gegenwart gerecht zu werden. In einer zunehmend globalisierten Welt ist es wichtiger denn je, dass Deutschland nicht nur die eigene Geschichte ehrt, sondern auch die Vielfalt und den internationalen Austausch als Bereicherung begreift.

Indem wir diese neue Identität aktiv gestalten, können wir den Wandel nicht nur als Bedrohung, sondern auch als Chance begreifen. Eine Chance, aus der Krise herauszuwachsen und ein modernes, weltoffenes Deutschland zu schaffen, das sich seiner Vergangenheit bewusst ist und gleichzeitig die Zukunft in die Hand nimmt.

Der Wandel der Gesellschaft – Vom traditionellen zum modernen Nationalverständnis

Im Kern geht es bei der Debatte um Heimat und Identität in Deutschland nicht nur um die Frage, wie das Land seine wirtschaftlichen und politischen Herausforderungen meistert, sondern vor allem um die Frage, wie es mit der kulturellen Vielfalt und der sozialen Veränderung umgeht. Deutschland, das sich lange Zeit als ein Land mit klaren Grenzen und einer eher homogenen Gesellschaft verstand, hat heute mit einer Realität zu kämpfen, die von Migration, kultureller Diversität und globaler Vernetzung geprägt ist.

Diese Veränderungen führen zu Spannungen

zwischen denjenigen, die eine nostalgische Vorstellung von Deutschland bewahren möchten, und jenen, die die Diversität und den globalen Austausch als Bereicherung betrachten. Es stellt sich die Frage, wie eine Gesellschaft, die über Jahrhunderte hinweg an der Vorstellung von Nationalität und ethnischer Homogenität festhielt, mit einer zunehmend multikulturellen und vielfältigen Realität umgehen kann.

Der traditionelle Nationalstaat, wie wir ihn kennen, ist zunehmend einer Dynamik ausgesetzt, die von globalen und sozialen Veränderungen geprägt ist. Doch anstatt diese Veränderungen als Bedrohung zu betrachten, könnte Deutschland die Chance erkennen, eine neue, inklusivere Form der nationalen Identität zu entwickeln. Diese neue Identität könnte nicht mehr nur auf Abstammung und Geschichte beruhen, sondern auf gemeinsamen Werten wie Respekt, Toleranz und Offenheit. Dies würde es ermöglichen, eine starke und vielfältige Gesellschaft zu schaffen, die sich nicht nur über nationale Grenzen, sondern auch über kulturelle Unterschiede hinweg definieren kann.

Die Herausforderung der Integration – Was macht Zugehörigkeit aus?

Ein zentrales Thema in der Debatte um die nationale Identität Deutschlands ist die Frage nach der Integration von Migranten und Flüchtlingen. Deutschland hat in den letzten Jahrzehnten einen massiven Zustrom von Menschen aus verschiedenen Teilen der Welt erlebt, was zu einer vielfältigeren Gesellschaft geführt hat. Doch diese Veränderung wirft die Frage auf, was es bedeutet, wirklich „zuzugehören".

Zugehörigkeit ist ein vielschichtiges Konzept, das sowohl individuelle als auch gesellschaftliche Dimensionen hat. Für viele Migranten und ihre Nachkommen stellt sich die Frage, wie sie sich als Deutsche verstehen sollen, wenn ihre Wurzeln in einem anderen Land liegen. Gleichzeitig fragen sich viele „alteingesessene" Deutsche, wie sie mit dieser Vielfalt umgehen sollen und was es für ihre eigene Identität bedeutet, in einer Gesellschaft zu leben, die sich immer mehr verändert.

Die Antwort liegt möglicherweise in der Erkenntnis, dass Zugehörigkeit nicht nur durch ethnische oder kulturelle Herkunft bestimmt wird, sondern durch gemeinsame Werte, Erfahrungen und Lebensweisen. Eine Gesellschaft, die Integration als einen wechselseitigen Prozess begreift, in dem sowohl Migranten als auch „Einheimische" voneinander lernen und sich gemeinsam weiterentwickeln, kann eine stabile und harmonische Gemeinschaft bilden. Dies bedeutet jedoch, dass alle Mitglieder der Gesellschaft bereit sein müssen, aufeinander zuzugehen, sich gegenseitig zu respektieren und die unterschiedlichen Perspektiven zu akzeptieren.

Die Rolle der Bildung – Wie ein neues Bewusstsein

entstehen kann

Ein weiterer entscheidender Faktor für die Entwicklung einer neuen, integrativen nationalen Identität ist die Bildung. Bildung ist der Schlüssel zur Förderung von Verständnis und Toleranz, aber auch der Ort, an dem das Bewusstsein für die globalisierte Welt und die Vielfalt der Kulturen geschaffen werden kann. In deutschen Schulen und Universitäten sollte der Fokus nicht nur auf der Vermittlung von Fachwissen liegen, sondern auch auf der Entwicklung eines kritischen Denkens, das in der Lage ist, die Komplexität der heutigen Welt zu verstehen.

Eine moderne Bildungspolitik muss die Herausforderungen und Chancen der Globalisierung ansprechen und jungen Menschen die Werkzeuge an die Hand geben, um in einer vielfältigen und dynamischen Welt erfolgreich zu navigieren. Dies bedeutet nicht nur, das Wissen über andere Kulturen zu fördern, sondern auch das Verständnis für die eigenen kulturellen Wurzeln und die Bedeutung der deutschen Geschichte zu vertiefen.

Bildung muss auch die Grundlage für den Dialog zwischen verschiedenen sozialen und kulturellen Gruppen bieten. In einer Zeit, in der die Gesellschaft zunehmend polarisiert, ist es wichtiger denn je, dass Schulen und Universitäten Räume schaffen, in denen Menschen mit unterschiedlichen Erfahrungen und Perspektiven miteinander ins Gespräch kommen können. Nur so kann ein gemeinsames Verständnis für die Herausforderungen und Chancen entstehen, die mit der Diversität unserer Gesellschaft verbunden sind.

Heimat als Gefühl der Verantwortung

Heimat muss nicht nur ein Ort der Zugehörigkeit sein, sondern auch ein Ort der Verantwortung. In einer Welt, die immer mehr von globalen Krisen geprägt ist – von Klimawandel bis hin zu sozialen Ungerechtigkeiten – wird die Frage nach der eigenen Verantwortung in der Welt immer drängender. Was bedeutet es, heute „Heimat" zu haben, wenn die Welt zunehmend miteinander verbunden ist und die Auswirkungen unseres Handelns weit über nationale Grenzen hinausreichen?

Vielleicht liegt der wahre Kern der Heimat heute nicht mehr nur in der geographischen Zugehörigkeit, sondern in der Verantwortung, die wir als Mitglieder der globalen Gemeinschaft tragen. Die Heimat von morgen könnte eine Heimat des Handelns und der Verantwortung sein – eine, in der wir uns nicht nur für unser eigenes Land, sondern auch für die Welt um uns herum verantwortlich fühlen. Eine Gesellschaft, die in der Lage ist, ihre nationale Identität mit einer globalen Perspektive zu verbinden, wird in der Lage sein, den Herausforderungen des 21. Jahrhunderts mit Mut und Zuversicht zu begegnen.

Fazit: Die Chance der Vielfalt

Die Identität Deutschlands muss sich nicht mehr nur über ethnische oder kulturelle Zugehörigkeit definieren, sondern über die gemeinsamen Werte und Überzeugungen, die wir als Gesellschaft teilen. Der Wandel hin zu einer multikulturellen und globalisierten Gesellschaft ist eine Herausforderung, aber auch eine Chance. Eine Chance, aus der Krise herauszuwachsen und eine neue, inklusive Identität zu schaffen, die die Vielfalt als Stärke begreift.

Deutschland hat die Möglichkeit, ein Vorbild für andere Nationen zu werden, indem es die Vielfalt nicht nur akzeptiert, sondern als integralen Bestandteil seiner Identität betrachtet. Der Weg dorthin erfordert Mut, Offenheit und die Bereitschaft, alte Vorstellungen von Heimat und Nation zu hinterfragen. Doch dieser Weg bietet die Chance, eine starke, zukunftsfähige Gesellschaft zu formen, die den Herausforderungen der modernen Welt gewachsen ist.

Kapitel 5: Alice Weidel – Eine Frau, die bewundert wird, aber in die rechte Ecke gestellt wird

Die Gesellschaft hat sich in den letzten Jahren stark verändert, und mit ihr auch die Art und Weise, wie wir über Menschen und ihre Leistungen sprechen. Eine der unaufhörlich wiederkehrenden Herausforderungen ist, wie wir Menschen respektvoll bewundern können, ohne sofort in eine politische oder gesellschaftliche Schublade gesteckt zu werden. Besonders dann, wenn es um kontroverse Persönlichkeiten geht, wie etwa Alice Weidel, die in den letzten Jahren sowohl Anhänger als auch Gegner gewonnen hat.

Ich möchte in diesem Kapitel den Fokus auf ein Thema richten, das mich persönlich bewegt: die Schwierigkeit, eine Frau wie Alice Weidel zu bewundern – ohne sofort mit negativen Zuschreibungen konfrontiert zu werden. Warum ist es so schwer, Menschen für ihre Eigenschaften oder Leistungen zu schätzen, ohne dass gleich eine politische Agenda unterstellt wird?

Alice Weidel – Eine Frau, die ihren Weg geht

Es ist ein Fakt, dass Alice Weidel in der deutschen Politik eine außergewöhnliche Figur darstellt. Sie hat sich als Frau in einer Männerdomäne behauptet und ist in einer politisch aufgeladenen Zeit weit gekommen. Für mich ist das eine Leistung, die Anerkennung verdient. Ihre rhetorische Stärke, ihre Fähigkeit, in hitzigen Diskussionen einen klaren Kopf zu bewahren und dabei stets selbstbewusst und standhaft zu bleiben, sind Eigenschaften, die ich bewundere. Als Frau in der Politik, insbesondere in einer so dominanten Männerwelt, braucht es nicht nur Talent, sondern auch Mut, Ausdauer und eine starke persönliche Überzeugung.

Was ich an ihr besonders bewundere, ist ihre Resilienz. Egal, wie viel Wind ihr entgegenweht, sie bleibt ihrem Kurs treu und lässt sich nicht beirren. Das ist eine Qualität, die ich als Frau nachvollziehen und anerkennen kann. Im Leben und in der Arbeit gibt es viele Hindernisse, und diese Fähigkeit, sich nicht von äußeren Kräften entmutigen zu lassen, sondern zu einem klaren Ziel zu steuern, ist etwas, das jede Frau für sich selbst nutzen kann.

Es geht mir hier nicht darum, ihre politischen Ansichten inhaltlich zu unterstützen. Es geht mir um die Anerkennung einer Frau, die ihren Weg geht, sich behauptet und dabei nicht von gesellschaftlichen oder politischen Zwängen bremsen lässt.

Der Preis der Bewunderung – Warum wird Respekt als Zustimmung missverstanden?

Sobald ich jedoch diese Bewunderung äußere, sehe ich mich oft mit einem unglaublich schnellen und negativen Urteil konfrontiert. Ich bin plötzlich die „Nazischlampe" und werde beschuldigt, Ausländern den Tod zu wünschen – völlig unabhängig davon, wie sehr ich meine eigenen politischen und gesellschaftlichen Ansichten von ihren unterscheide. Warum ist das so? Warum kann man jemandem nicht einfach Respekt zollen, ohne dass dies sofort als politischer Akt verstanden wird?

In einer Zeit, in der politische Polarisierung und gesellschaftliche Spaltung so präsent sind, wird jede Äußerung oft auf die politische Ausrichtung reduziert. Wird jemand bewundert, der politisch in eine Richtung geht, die nicht der Mehrheitsmeinung entspricht, wird sofort davon ausgegangen, dass auch die Ansichten der betreffenden Person geteilt werden müssen. Dies ist eine gefährliche Abkürzung im Denken – und gleichzeitig eine Form der Unmündigkeit. Warum dürfen wir keine differenzierten Betrachtungsweisen mehr anlegen? Warum muss jede Anerkennung direkt politisch etikettiert werden?

Wir leben in einer Gesellschaft, in der politische Überzeugungen oft in Schwarz und Weiß eingeteilt werden. Doch das wahre Leben ist selten so einfach. Jemanden zu respektieren oder sogar zu bewundern bedeutet nicht, blind ihre Politik zu übernehmen oder in jedem Aspekt mit ihr übereinzustimmen. Es geht um das Anerkennen von Eigenschaften oder Leistungen, die unabhängig von politischen oder weltanschaulichen Differenzen respektiert werden können.

Der Verlust des Dialogs – Was passiert mit der Meinungsfreiheit?

Einer der größten Verluste, den wir in den letzten Jahren erlitten haben, ist der Verlust des Dialogs. Wir haben den Raum für differenzierte und respektvolle Diskussionen immer weiter eingeschränkt. Anstatt verschiedenen Perspektiven mit Offenheit zu begegnen, wird oft nur noch auf das Etikett geachtet. Das führt dazu, dass sich Menschen nicht mehr trauen, ehrlich und offen über Themen zu sprechen, aus Angst, in eine politische Schublade gesteckt zu werden.

Warum müssen wir uns ständig rechtfertigen, wenn wir eine andere Meinung äußern oder jemanden bewundern, dessen Ansichten vielleicht nicht der Mehrheit entsprechen? In einer funktionierenden Demokratie ist es entscheidend, dass wir miteinander ins Gespräch kommen können, ohne Angst vor einem Urteil oder der Gefahr, in eine „rechte" oder „linke" Ecke gedrängt zu werden.

Ich stelle mir immer wieder die Frage: Was ist

aus dem Prinzip der Meinungsfreiheit geworden? Warum wird es zunehmend schwierig, Menschen zu bewundern oder zu respektieren, ohne dass automatisch davon ausgegangen wird, dass man ihre politischen Ansichten teilt? Ist es nicht schade, dass wir in einer Zeit leben, in der Meinungsfreiheit nur dann gewährt wird, wenn sie der gängigen Linie entspricht? Warum können wir nicht die Unterschiede in politischen und gesellschaftlichen Meinungen respektieren und trotzdem einen respektvollen Dialog führen?

Der Ruf nach einem respektvollen Austausch

Es ist höchste Zeit, dass wir wieder lernen, zwischen der Person und ihren politischen Überzeugungen zu unterscheiden. Nicht jeder, der eine starke Meinung hat, muss als „Feind" betrachtet werden. Es sollte möglich sein, auch in hitzigen politischen Diskussionen den Menschen hinter der Meinung zu sehen. Ich bewundere Alice Weidel nicht, weil ich ihre politischen Ansichten teile, sondern weil sie als Frau ihren Weg geht und dabei eine bemerkenswerte Stärke zeigt.

Und genauso wie ich meine Bewunderung für sie äußern kann, ohne ihr politisches Manifest zu unterschreiben, so sollte es auch jedem anderen möglich sein, Menschen und ihre Leistungen anzuerkennen, ohne sofort als Anhänger einer bestimmten politischen Bewegung abgestempelt zu werden. Die Fähigkeit zur Differenzierung ist ein

Zeichen von Reife und echter Toleranz – nicht von Blinden Gehorsam gegenüber einer bestimmten Ideologie.

Vielleicht müssen wir alle wieder lernen, die Welt und die Menschen in ihrer Vielfalt zu sehen und nicht in vorgefertigte Schubladen zu stecken. Nur so können wir wieder zu einem respektvollen Austausch finden, der uns als Gesellschaft voranbringt.

Es gibt eine Tendenz, dass Menschen in Deutschland (und auch in vielen anderen Teilen der Welt) heutzutage gezwungen sind, sich zu positionieren, als ob man entweder für oder gegen etwas sein muss. Diese binäre Sichtweise führt dazu, dass differenzierte, vielschichtige Meinungen oft unter den Tisch fallen, weil sie nicht in das einfache „Pro" oder „Contra" passen. Menschen, die es wagen, eine andere Perspektive zu vertreten oder Bewunderung für eine Person zu äußern, die vielleicht nicht der Mainstream-Meinung entspricht, laufen Gefahr, sofort als „Rassist" oder „Nazi" abgestempelt zu werden – ganz egal, wie fern dieser Zuschreibungen von ihrer tatsächlichen Haltung sind.

Was uns hier verloren geht, ist der Raum für den Dialog. Wie oft hören wir nicht mehr aufeinander, weil wir befürchten, sofort als Teil einer bestimmten Gruppe abgestempelt zu werden? Und wie oft trauen wir uns nicht mehr, unsere eigene Meinung zu äußern, weil wir wissen, dass sie schnell zu einer Etikettierung führen kann? Dieser Mangel an Nuancen in der politischen und gesellschaftlichen Debatte hat eine derartige Schärfe erreicht, dass er zu einer Art Zensur führt – und das nicht nur in den öffentlichen Debatten, sondern auch in den persönlichen Gesprächen.

Die Gefahr hierbei ist, dass wir uns in einer Kultur der Angst wiederfinden. Angst davor, die falschen Worte zu wählen, Angst davor, als etwas Falsches wahrgenommen zu werden, und Angst davor, sich nicht eindeutig genug zu positionieren. Diese Angst führt zu einer Gesellschaft, in der echte Diskussionen, die uns als Individuen und als Gemeinschaft weiterbringen könnten, immer weniger stattfinden.

Es ist ein erschreckender Zustand, wenn die Fähigkeit, differenziert zu denken, mehr und mehr als Schwäche denn als Stärke wahrgenommen wird. Und was passiert, wenn Menschen nicht mehr den Mut aufbringen, ihre Gedanken offen auszudrücken, weil sie fürchten, in eine Schublade gesteckt zu werden? Wir verlieren die Möglichkeit, in einer offenen, freien und respektvollen Weise miteinander zu sprechen.

Vielleicht brauchen wir eine Kultur der Komplexität, in der es nicht nur schwarz oder weiß gibt, sondern in der die Vielschichtigkeit von Gedanken und Haltungen Platz findet. Eine Gesellschaft, die nicht sofort urteilt, sondern in der jeder Gedanke – selbst wenn er kontrovers ist – in einem respektvollen Rahmen gehört werden kann. Das würde nicht nur den Dialog fördern, sondern auch dazu beitragen, dass wir als Gesellschaft wirklich wachsen können.

Es ist schade, dass wir in einer Zeit leben, in der es schwieriger wird, diese differenzierten Sichtweisen zu äußern, weil wir befürchten, in die falsche Ecke gedrängt zu werden. Aber vielleicht ist es an der Zeit, den Mut zu haben, trotzdem zu sprechen – mit dem Wissen, dass nicht jeder Gedanke politisch und absolut verortet sein muss. Wir sollten mehr Raum für Nuancen schaffen, und dazu gehört es, dass wir auch akzeptieren, dass Menschen komplexe, manchmal widersprüchliche Haltungen haben können, ohne sie sofort zu verurteilen. Nur so können wir zu einem echten, respektvollen Dialog zurückfinden.

Kapitel 6: Die Zerrissenheit der Gesellschaft – Warum Differenzierung heute kaum noch möglich ist

Es scheint, als ob die Fähigkeit, differenziert zu denken, in der heutigen Gesellschaft immer mehr verloren geht. Eine komplexe Sichtweise auf Themen, die nicht nur schwarz oder weiß, gut oder schlecht, „pro" oder „contra" sind, wird zunehmend als Schwäche betrachtet. Wer in Deutschland heute eine Meinung äußert, die nicht mit der dominanten Meinung übereinstimmt, wird schnell in eine Ecke gedrängt. Besonders dann, wenn diese Meinung auch nur im Entferntesten von der Masse abweicht, wird man sofort mit Etiketten versehen, die oft mehr über die Ängste und Vorurteile der Gesellschaft aussagen als über denjenigen, der diese Meinung äußert.

Der Preis der Differenzierung

Die Gesellschaft hat es sich in vielen Bereichen zur Aufgabe gemacht, klar definierte, einheitliche Standpunkte zu vertreten. In einer Welt, in der alles zunehmend polarisiert wird – politisch, gesellschaftlich und kulturell – scheint es immer schwieriger zu werden, zwischen den verschiedenen Schattierungen der Wahrheit zu unterscheiden. Wer heute eine differenzierte Meinung äußert, gerät schnell unter Generalverdacht. Es wird nicht mehr zugelassen, dass jemand mehrere Perspektiven gleichzeitig berücksichtigt oder sich sogar von einer kontroversen Person respektvoll distanziert, ohne automatisch ihre gesamten Ansichten zu übernehmen.

Es gibt viele Beispiele für diese Zerrissenheit, die wir immer wieder erleben. Denken wir an Alice Weidel, eine Frau, die als Führungspersönlichkeit in einer Männerdomäne ihren Platz behauptet hat und in der politischen Landschaft eine außergewöhnliche rhetorische Stärke zeigt. Ich bewundere ihre Fähigkeit, in hitzigen Diskussionen ruhig und sachlich zu bleiben, ihre Ausdauer und die Resilienz, die sie in einer Zeit zeigt, in der ihre Person und ihre politischen Ansichten viel Widerstand hervorrufen. Doch kaum äußere ich diese Bewunderung, schon wird mir unterstellt, dass ich ihre politische Haltung in allen Punkten unterstütze. Ich werde sofort in eine Ecke gedrängt, in die ich gar nicht gehöre.

Was ist mit der Idee verloren gegangen, dass wir

Menschen für bestimmte Eigenschaften bewundern können, ohne in jedem Fall mit allen ihren Ansichten übereinzustimmen? Warum müssen wir uns ständig rechtfertigen, wenn wir jemanden respektieren, der nicht in das politisch korrekte Bild passt?

Die Gefahr der Vereinfachung

Was wir heute erleben, ist eine Tendenz, alles zu vereinfachen – ein schädlicher Trend, der uns als Gesellschaft zurückwirft. Der Druck, sich entweder für oder gegen etwas zu entscheiden, führt zu einer Reduktion von komplexen Themen auf einfache, schwarz-weiße Narrative. Diese Vereinfachung fördert den Verlust des Dialogs und das Vertrauen in den eigenen Standpunkt. Jedes Thema, jede Diskussion wird auf eine Art reduziert, die es schwer macht, neue Perspektiven einzubringen. Es gibt keine Grauzonen mehr, keine Freiheit, sich innerhalb dieser Grauzonen zu bewegen.

Wir haben in der Gesellschaft eine Situation geschaffen, in der niemand mehr wirklich zugehört wird, weil jeder automatisch in eine Schublade gesteckt wird. Es reicht nicht, nur eine Meinung zu äußern. Stattdessen wird sofort versucht, diese Meinung in den Kontext der politisch dominanten Haltung zu setzen, um sie in eine der bekannten Kategorien einzuordnen: rechts, links, konservativ, progressiv – und wer sich nicht eindeutig positioniert, wird als unentschlossen oder unehrlich wahrgenommen.

Doch was passiert, wenn wir diese Haltung übernehmen und uns nicht mehr die Freiheit nehmen, differenziert zu denken und zu urteilen? Wenn jeder Gedanke sofort einem politischen Etikett zugeordnet wird, verlieren wir die Fähigkeit zur Reflexion und zum echten Austausch. Es geht nicht nur um politische Diskussionen, sondern um den Verlust des tiefgründigen Dialogs in der gesamten Gesellschaft.

Die Angst, das Falsche zu sagen

In diesem Klima der Polarisierung entwickeln viele Menschen eine tief verwurzelte Angst, das Falsche zu sagen. Sie fürchten sich davor, dass eine unbedachte Bemerkung zu einem sofortigen Urteil führt – sei es, dass sie als Nazi bezeichnet werden, als „linksgrün versifft" abgestempelt oder in eine andere negative Ecke gestellt werden. Diese Angst hat eine lähmende Wirkung auf die Meinungsfreiheit. Sie sorgt dafür, dass Menschen sich immer mehr zurückziehen und gar nicht mehr über wichtige Themen sprechen, aus Angst, sie könnten sich falsch ausdrücken und damit sich selbst oder andere verletzen.

Es ist schade, dass in einer Zeit, in der wir so viele Möglichkeiten zur Kommunikation und zum Austausch haben, der Dialog zunehmend im Keim erstickt wird. Der Wunsch nach Einfachheit und die Furcht vor falschen Etiketten haben einen tiefen Riss in der Gesellschaft hinterlassen. Wir haben es zugelassen, dass politische Meinungen mehr wie ein Religionserklärung behandelt werden – als unantastbare Wahrheit, die keinen Raum für Diskussion oder Kompromisse lässt.

Was bedeutet das für uns als Gesellschaft?

Diese Entwicklung ist nicht nur problematisch für den Einzelnen, sondern auch für das gesamte gesellschaftliche Gefüge. Wenn wir immer nur die gleiche Meinung hören, wenn nur noch eine bestimmte Sichtweise in den Medien, auf den Straßen und in den sozialen Netzwerken präsentiert wird, dann verlieren wir den Blick für die Komplexität der Welt. Ein Mangel an Differenzierung führt nicht zu einer besseren Gesellschaft, sondern zu einer Gesellschaft, in der die Menschen sich zunehmend von einander entfremden. Die Fronten werden härter, und das Vertrauen in den gegenseitigen Austausch geht verloren.

Was also können wir tun? Vielleicht müssen wir wieder lernen, differenzierte Gespräche zu führen, ohne sofort zu urteilen oder jemandem ein Etikett aufzudrücken. Wir sollten uns bewusst machen, dass Menschen, die eine andere Perspektive vertreten, nicht automatisch unsere Feinde sind. Stattdessen sollten wir neugierig bleiben und den Dialog suchen – nicht mit der Absicht, jemanden zu überzeugen, sondern mit dem Ziel, ein besseres Verständnis füreinander zu entwickeln.

Wir müssen den Mut finden, auch unpopuläre oder komplexe Meinungen zu äußern und den anderen zuzuhören, ohne sofort die Waffe des Urteils zu zücken. Die Kunst des Dialogs liegt in der Fähigkeit, sich nicht in der Vereinfachung der Welt zu verlieren, sondern die Komplexität der Ansichten zu respektieren und zu akzeptieren, dass niemand eine endgültige Antwort auf alles hat.

Vielleicht ist das der Weg, wie wir als Gesellschaft wieder ein Stück weiterkommen – indem wir uns den Raum für Differenzierung und Reflexion zurückerobern. Denn nur so können wir die Gesellschaft schaffen, in der wir wirklich frei sind, unsere Gedanken zu äußern, ohne fürchten zu müssen, in die falsche Ecke gedrängt zu werden.

Kapitel 7: Wo bleibt die Wahrheit? – Der Dschungel der Informationen

In der heutigen Welt ist es schwer, zu wissen, was man glauben soll. Überall um uns herum gibt es eine Flut an Informationen, die uns überfluten – und das oft in so vielen unterschiedlichen Formen, dass wir den Überblick verlieren. Die deutschen Medien berichten anders als die internationalen Medien, und dann gibt es noch die sozialen Netzwerke, die mit einer eigenen Dynamik und unzähligen Perspektiven aufwarten. Und mitten in all dem, fast wie ein König in seinem eigenen Reich, gibt es Elon Musk, der in den Wahlkampf eingreift und sich immer mehr Einfluss in den Medien verschafft. Wo führt uns das hin? Was ist wahr, was ist Lüge?

Die Unübersichtlichkeit der Informationswelt

Es fühlt sich an, als würde uns die Informationsflut im wahrsten Sinne des Wortes ertränken. Auf der einen Seite gibt es die klassischen deutschen Medien, die uns ihre Version der Ereignisse präsentieren, die oft von einem sehr klaren Standpunkt aus berichten. Doch kaum schaut man über den Tellerrand hinaus, in die internationalen Medien, wird einem bewusst, dass es eine völlig andere Erzählung gibt. Die gleichen Ereignisse, die uns als dramatisch oder als triumphal verkauft werden, sehen in anderen Teilen der Welt ganz anders aus. Es ist ein ständiger Wechsel von Informationen, die uns in unterschiedliche Richtungen lenken – und oft sind es genau diese Unterschiede, die uns verwirren.

Dann kommen die sozialen Medien ins Spiel, die das Ganze noch weiter verkomplizieren. Sie sind das perfekte Beispiel für die Fragmentierung der Wahrheit. Hier werden Nachrichten in Echtzeit verbreitet, jedoch ohne wirklich überprüft zu werden. Jeder kann etwas posten, jeder kann sich äußern – und das führt zu einer unendlichen Vielfalt an Meinungen und Darstellungen. In diesen Netzwerken wird oft alles dramatisiert, übertrieben oder vereinfacht dargestellt. Doch es gibt auch die Gegenseite, die sofort versucht, jede Nachricht zu widerlegen oder in ein völlig anderes Licht zu rücken. Was ist nun der wahre Kern der Geschichte? Wer hat recht, und wer ist der Manipulator?

Manipulation durch die Medien?

Was mir zunehmend Sorgen bereitet, ist die Tatsache, dass viele Menschen das Gefühl haben, dass die Medien uns manipulieren. Ist das wirklich so? Wenn man all die unterschiedlichen Perspektiven miteinander vergleicht, fühlt es sich oft so an, als ob Medienunternehmen – sei es national oder international – nicht einfach informieren, sondern gezielt beeinflussen. Sie geben vor, objektiv zu berichten, aber in Wahrheit wird sehr viel zwischen den Zeilen gesagt. Was ist Propaganda, was ist ernst gemeinte Berichterstattung? Wo ziehen wir die Grenze zwischen Information und Desinformation?

Besonders in Deutschland fällt auf, dass ein großer Teil der Medienlandschaft sehr stark auf eine bestimmte politische Haltung ausgerichtet ist. Und auch wenn dies nicht direkt Manipulation ist, stellt sich die Frage, wie sehr wir wirklich die volle Wahrheit erfahren. Es gibt viele Themen, bei denen wir nur einen Teil der Geschichte zu hören bekommen, der durch politische oder wirtschaftliche Interessen gefiltert wird.

Die Frage, die sich hier stellt, ist: Haben wir wirklich alle Fakten? Oder haben wir nur eine Version der Wahrheit, die so gestaltet wurde, dass sie unsere Wahrnehmung lenkt? Es fühlt sich oft so an, als würde die politische Richtung, die ein Medienhaus vertritt, unbewusst die Art und Weise beeinflussen, wie Nachrichten präsentiert werden.

Einfluss von Persönlichkeiten wie Elon Musk

Und dann gibt es noch die „neuen" Akteure – Persönlichkeiten wie Elon Musk, die sich immer mehr in die öffentliche Debatte einmischen. Musk ist ein gutes Beispiel dafür, wie Einzelpersonen heute immer mehr Einfluss auf die öffentliche Wahrnehmung haben. Nicht nur, dass er mit seinem Unternehmen Tesla die Wirtschaft beeinflusst, sondern auch auf Twitter (jetzt X) zunehmend als politische Stimme wahrgenommen wird. Er spricht sich für politische Kampagnen aus, unterstützt bestimmte Kandidaten und beeinflusst die Diskussionen rund um Wahlen.

Aber was bedeutet das für uns als Konsumenten von Nachrichten? Wie sollen wir Musk und andere Medien-Mogule in ihrer Rolle als Meinungsbildner und Gatekeeper der Wahrheit einordnen? Ist das, was sie sagen, einfach ihre persönliche Meinung, oder beeinflussen sie tatsächlich die Art und Weise, wie die Öffentlichkeit denkt und entscheidet? Bei so viel Macht, die in den Händen weniger Menschen liegt, kann es schwierig werden, zu unterscheiden, was authentisch ist und was nur ein geschicktes Stück Manipulation.

Wer kann die Wahrheit erkennen?

Am Ende des Tages bleibt die Frage: Wer kann wirklich noch erkennen, was wahr ist und was nicht? Wie sollen wir als normale Bürger verstehen, was hinter den Berichterstattungen steckt, wenn wir von so vielen verschiedenen Quellen bombardiert werden, die jeweils ihre eigene Agenda verfolgen? Es gibt einfach keine einfache Antwort mehr auf diese Frage. Selbst die „neutralen" Medien sind oft nicht neutral – sie sind immer irgendwo politisch eingefärbt.

Es fühlt sich an, als würde die Wahrheit immer mehr relativiert. Wenn man heute eine Meinung äußert, sei es zu einem politischen Thema, zu einer sozialen Frage oder zu einem internationalen Konflikt, wird man sofort mit einer Vielzahl an Quellen und Perspektiven konfrontiert, die einander widersprechen. Und am Ende fragt man sich: Was ist nun wirklich wahr?

Die Herausforderung der Informationsgesellschaft

Wir leben in einer Zeit, in der es immer schwieriger wird, zwischen den Zeilen zu lesen, die Lügen von der Wahrheit zu unterscheiden und zu erkennen, welche Informationen manipulative Taktiken verwenden. In einer Welt, die von Social Media und einer immer schnelleren Verbreitung von Nachrichten geprägt ist, haben wir es mit einer Informationsgesellschaft zu tun, die mehr Fragen aufwirft als sie beantwortet.

Vielleicht müssen wir uns bewusst machen, dass es heute keine einfache Antwort mehr gibt. Die Wahrheit ist nicht mehr nur eine Frage der Fakten – sie ist auch eine Frage der Perspektive. Wir müssen lernen, Informationen aus verschiedenen Quellen zu hinterfragen, zu filtern und zu reflektieren. Es wird immer schwieriger, zwischen den verschiedenen

Ebenen der Wahrheit und Lüge zu unterscheiden, aber das bedeutet nicht, dass wir aufhören sollten, nach der Wahrheit zu suchen. Vielleicht ist es an der Zeit, die „Wahrheit" als etwas zu sehen, das wir nicht einfach finden, sondern das wir ständig aktiv suchen müssen – inmitten von Unklarheiten, Widersprüchen und Manipulationen.

In einer Welt, die zunehmend von Unsicherheiten und globalen Krisen geprägt ist, stellt sich die Frage: Wie kann ein Land ruhig gehalten werden, ohne dass es zu Aufruhr kommt? Wie können Massen kontrolliert, ihre Ängste kanalisiert und ihre Meinungen in eine bestimmte Richtung gelenkt werden? Der einfache Weg ist, über Manipulation zu sprechen. Doch ist das wirklich Manipulation, oder handelt es sich eher um die „lenkende Hand" einer Regierung oder Machtstruktur, die versucht, das Land zu stabilisieren, die Gesellschaft ruhig zu halten und den Zusammenhalt zu sichern?

Es ist eine der größten Fragen der modernen Politik: Wann ist es Manipulation, und wann ist es eine legitime Steuerung der öffentlichen Meinung zum Wohle des Landes? Wenn Medien, Politiker oder soziale Netzwerke die öffentliche Diskussion beeinflussen, können wir diese Eingriffe als Manipulation sehen. Aber ist das immer der Fall? Oder handelt es sich schlichtweg um die Art und Weise, wie eine Gesellschaft in einer Zeit der Unsicherheit geführt werden muss?

Wie hält man ein Land ruhig?

Ein Land ruhig zu halten, ist eine enorme Herausforderung – und zwar nicht nur in Krisenzeiten. Die Menschen müssen in ihrem Alltag, in ihren Beziehungen, in ihrem sozialen Gefüge das Gefühl haben, dass sie in einem stabilen Umfeld leben. Sicherheit, sowohl in der materiellen als auch in der sozialen Form, ist für das psychische Wohlbefinden entscheidend. Doch in einer Welt, in der Nachrichten rund um die Uhr auf uns einprasseln, sind die Menschen ständig verunsichert. Kriege, Finanzkrisen, Umweltkatastrophen, Flüchtlingskrisen – all das führt zu einer ständigen Unruhe, die sich in der Gesellschaft ausbreitet.

Die Frage ist nun, wie man dieser Unruhe begegnen kann. In vielen Fällen sehen wir, wie Medien – ob traditionell oder auf sozialen Plattformen – Nachrichten auf eine Weise präsentieren, die die Menschen beruhigen soll. Nachrichten werden gefiltert, Themen werden fokussiert, die Berichterstattung wird gesteuert, sodass sich eine allgemeine Ruhe ausbreiten kann. Doch wie viel von diesem gesteuerten Input ist wirklich der Realität angepasst und wie viel ist inszeniert, um die Massen zu beruhigen? Hier stellt sich die Frage, inwiefern diese Beruhigung wirklich notwendig ist oder ob sie nicht vielmehr eine Form der Manipulation darstellt.

Manipulation oder politische Steuerung?

Manipulation ist ein Begriff, der oft negativ behaftet ist. Wenn wir von Manipulation sprechen, denken wir an eine absichtliche Beeinflussung, die das Ziel hat, jemanden in eine bestimmte Richtung zu lenken, ohne dass er es merkt. Doch ist jede Form der Steuerung wirklich Manipulation? Vielleicht ist es sinnvoller, darüber nachzudenken, wie die Machtstrukturen in einem Land manchmal gezielt in den Diskurs eingreifen, um die öffentliche Meinung zu lenken. Nicht immer mit böser Absicht, sondern vielleicht im Bemühen, Stabilität zu schaffen.

Wenn ein Politiker zum Beispiel in einer Krisenzeit beruhigend spricht und die Menschen zu Geduld und Zusammenhalt aufruft, dann könnte man argumentieren, dass dies ein verantwortungsvolles Handeln ist. Doch auch hier stellt sich die Frage: Was wird in dieser Situation gesagt, und was wird verschwiegen? Werden die Bürger in dieser Situation wirklich gut informiert oder lediglich ruhig gehalten, damit sie keine Fragen stellen, die zu einer Unruhe führen könnten?

In einer modernen Demokratie – besonders in Zeiten der Medienvernetzung – ist es schwer, den Unterschied zwischen objektiver Information und gezielter Manipulation zu erkennen. Die „Beruhigung" der Masse wird in vielen Fällen nicht als Manipulation wahrgenommen, weil sie nicht unbedingt auf eine bewusste Täuschung abzielt, sondern eher als Maßnahme zum Erhalt der sozialen

Ordnung dient. Doch genau hier liegt der Punkt, an dem es zu Unklarheiten kommt: Wenn etwas zu sehr „geregelt" wird, verliert es seine Authentizität. Wird dem Bürger die Möglichkeit genommen, sich frei zu informieren und eine eigene Meinung zu bilden?

Warum ist es so schwer, den Unterschied zu erkennen?

In einer Welt, in der die Quellen von Nachrichten und Informationen so vielfältig sind, ist es zunehmend schwer, Wahrheit von Lüge zu unterscheiden. Medien – ob traditionell oder sozial – verbreiten Nachrichten, die oft mit Emotionen aufgeladen sind. In diesem Dschungel aus Bildern, Schlagzeilen und Meinungen können wir nicht immer sicher sein, welche Informationen uns wirklich die ganze Wahrheit zeigen.

Und in dieser Unsicherheit liegt die wahre Herausforderung. Es ist nicht nur schwierig, zwischen Wahrheit und Lüge zu unterscheiden – es ist auch schwierig, den Ursprung der Nachricht zu erkennen und zu wissen, welche Absicht hinter der Verbreitung von Informationen steckt. Das Gefühl, ständig überflutet zu werden, macht es für den Einzelnen schwer, zu wissen, was er glauben soll. Sind die Informationen, die uns präsentiert werden, darauf ausgelegt, uns zu beruhigen, oder werden wir absichtlich in eine Richtung gelenkt, die uns letztlich in eine bestimmte politische oder gesellschaftliche Position zwingt?

Die Frage der Verantwortung

Es gibt immer eine Verantwortung, die in der Hand derer liegt, die Informationen verbreiten. Die Medien, die Politiker, die großen Persönlichkeiten wie Elon Musk – sie alle haben die Macht, unsere Wahrnehmung der Welt zu beeinflussen. Aber das stellt uns vor ein ethisches Dilemma: Inwieweit dürfen sie diese Macht nutzen? Ist es legitim, die öffentliche Meinung zu lenken, um gesellschaftliche Harmonie zu bewahren? Oder ist diese Steuerung eine Form der Manipulation, die die Freiheit des Einzelnen einschränkt?

Die Verantwortung für das, was wir glauben, liegt letztlich bei uns selbst. Es ist unser Job, kritisch zu denken, die Quellen zu überprüfen und uns nicht mit einfachen Antworten zufriedenzugeben. Doch wie tun wir das, wenn die Informationen so vielschichtig und widersprüchlich sind? Wie können wir sicherstellen, dass wir nicht einfach in die Rolle des passiven Konsumenten geraten, der die Deutungen der Medien und politischen Akteure ungeprüft übernimmt?

Fazit: Manipulation oder notwendige Steuerung?

Am Ende des Tages bleibt die Frage, ob wir tatsächlich manipuliert werden oder ob die Kontrolle über unsere Wahrnehmung eine notwendige Steuerung ist, um ein funktionierendes, friedliches und gut organisiertes Land zu erhalten. Vielleicht ist es ein schmaler Grat zwischen der Notwendigkeit, den Bürger zu beruhigen, und der Gefahr, die freie Meinungsbildung zu unterdrücken.

Was wir in dieser Ära der Informationsflut brauchen, ist ein klareres Verständnis darüber, was tatsächlich als Manipulation betrachtet werden sollte und was als legitime Führung und Steuerung der öffentlichen Diskussion angesehen werden kann. Es liegt an uns, als Gesellschaft, diese Fragen zu stellen, zu hinterfragen und kritisch zu bleiben – auch in einer Zeit, in der es so schwierig ist, den Überblick zu behalten.

Kapitel 8: Was bin ich denn nun? – Die Frage nach der Farbe und der Identität

In einer Welt, die uns ständig in Kategorien einordnet, frage ich mich immer wieder: Was bin ich eigentlich? Brauche ich eine Farbe, eine politische Zugehörigkeit, um meine Werte und Wünsche zu definieren? Bin ich „braun", „grün", „rot" oder „grau", wie es oft erwartet wird? Aber nein, ich bin keine dieser Farben. Ich bin keine politische Richtung, die man mit einem bestimmten Label belegen kann. Ich bin kein ideologisches Konstrukt, das sich in ein festes Raster zwängen lässt. Ich bin einfach jemand, der sich nach einem Deutschland sehnt, das wieder stark ist – nicht aus einer politischen Agenda heraus, sondern aus einem tiefen Wunsch heraus, für die Menschen, die hier leben, das Beste zu wollen.

Ein Land, das erstarkt

Was ich mir wünsche, ist ein Land, das sich

wieder behaupten kann – nicht in einer aggressiven, nationalistischen Weise, sondern durch eine stabile und gesunde Wirtschaft, eine starke Gesellschaft und ein Land, das wieder auf eigenen Füßen steht. Ich möchte, dass Deutschland sich nicht mehr ständig mit Krisen herumschlägt, die nicht gelöst werden können. Ich möchte, dass wir uns auf das konzentrieren, was uns wirklich wichtig ist: die Menschen, die hier leben, die Sicherheit, die jeder braucht, und die Perspektiven für die Zukunft.

Es tut mir weh, wenn ich höre, dass Rentner an der Kasse stehen und Dinge zurückgeben müssen, weil sie sich das nicht mehr leisten können. Wie haben wir es so weit kommen lassen? Wie konnte es sein, dass die Generation, die dieses Land nach dem Zweiten Weltkrieg wiederaufgebaut hat, heute in Armut lebt? Und wie viel von dieser Armut ist hausgemacht? Wie viel davon ist das Ergebnis von politischen Entscheidungen, die nicht im besten Interesse der Bürger waren? Was ist mit den Menschen, die Tag für Tag arbeiten, aber am Ende des Monats trotzdem kaum über die Runden kommen? Ich will nicht, dass wir als Gesellschaft weiter in diese Richtung gehen.

Ein Gesundheitssystem am Rande des Zusammenbruchs

Und dann das Gesundheitssystem. Was passiert mit einem Land, dessen Gesundheitssystem zusammenbricht? Was passiert mit den Menschen, die darauf angewiesen sind? Die, die auf schnelle und zuverlässige medizinische Versorgung angewiesen sind, um ihre Lebensqualität zu erhalten oder überhaupt erst zu überleben? Die Mängel im Gesundheitssystem, die immer sichtbarer werden, sind kein Zufall. Es ist das Resultat einer jahrelangen Misswirtschaft und falscher Prioritäten. Und wir stehen an einem Punkt, an dem es fast zu spät ist, um grundlegende Veränderungen herbeizuführen.

Was mich am meisten beunruhigt, ist die Zukunft: Wie soll es weitergehen, wenn wir nicht in der Lage sind, unsere eigene Gesellschaft zu schützen? Wie soll es weitergehen, wenn die Werte, die dieses Land einst stark gemacht haben, immer mehr verwässert werden? Ich will nicht in einer Welt leben, in der wir ständig um unsere Freiheit, unsere Rechte und unsere Sicherheit kämpfen müssen. Ich möchte, dass unsere Kinder in einem Land aufwachsen, in dem diese Werte selbstverständlich sind.

Sicherheit und Lebensqualität

Ich möchte, dass wir wieder auf die Straßen gehen können, ohne ständig über die Schulter schauen zu müssen, ob wir uns sicher fühlen oder nicht. Ich möchte, dass Frauen nachts genauso sicher nach Hause kommen können wie Männer. Ich möchte keine Eltern mehr, die sich Sorgen machen müssen, dass ihre Kinder von Menschen mit schlechten Absichten angegriffen oder bedroht werden. Sicherheit und Freiheit sind Grundrechte, die nicht nur als idealistische Konzepte bestehen dürfen, sondern als praktische Wirklichkeit, die den Alltag jedes Einzelnen beeinflusst.

Es gibt Momente, in denen ich mir wünsche, dass wir wieder zu einer Gesellschaft zurückkehren, in der Weihnachtsmärkte nicht mit einem mulmigen Gefühl des Unbehagens verbunden sind. Wo wir uns als Familie oder mit Freunden auf den Weg machen können, ohne ständig die Sicherheitsvorkehrungen und die Lage zu hinterfragen. Ich möchte das Gefühl haben, dass wir in einem Land leben, in dem die Menschen zusammenhalten und sich gegenseitig unterstützen. Dass wir nicht von der Angst getrieben werden, sondern von der Hoffnung und dem Glauben an eine bessere Zukunft.

Ein Land des Miteinanders

Aber warum muss ich mich für all das entscheiden, indem ich eine politische „Farbe" wähle? Warum wird jeder, der solche Wünsche äußert, gleich in ein politisches Lager gepresst? Muss ich mich als „konservativ", „nationalistisch", „liberal" oder „sozial" identifizieren, um eine klare Vorstellung davon zu bekommen, was für mich als Mensch und Bürger dieses Landes wichtig ist? Muss ich in ein politisches Lager eintreten, um mein Herz für Deutschland zu zeigen? Muss ich meine Meinung zu allen gesellschaftlichen Fragen in eine bestimmte Richtung lenken, um als „wahr" oder „gerecht" angesehen zu werden?

Ich will das nicht. Ich möchte einfach nur, dass Deutschland wieder zu einem Ort wird, an dem das Wohl der Menschen im Mittelpunkt steht – unabhängig davon, welche politische Richtung man verfolgt. Ich möchte nicht, dass wir in Kategorien aufgeteilt werden, die uns in verschiedene Ecken drängen. Ich möchte ein Miteinander, in dem wir uns nicht immer wieder mit politischen Dogmen beschäftigen müssen, sondern einfach nach Lösungen suchen, die uns als Gesellschaft weiterbringen.

Ist das zu viel verlangt?

Ist es wirklich zu viel verlangt, nach einer Gesellschaft zu streben, die für alle da ist, in der wir gemeinsam für das Wohl aller kämpfen und uns nicht mehr in endlosen politischen Debatten verlieren? Muss ich für all diese Dinge eine „Farbe" wählen? Muss ich eine politische Haltung einnehmen, um meinen Standpunkt zu vertreten? Muss ich mich einem bestimmten Lager zuordnen, nur um sagen zu können, was ich wirklich will?

Ich weiß es nicht mehr. Vielleicht ist es an der Zeit, dass wir aufhören, uns ständig in diese Kästchen einzuordnen. Vielleicht ist es an der Zeit, dass wir uns darauf konzentrieren, was uns wirklich vereint, und nicht auf das, was uns trennt.

Fazit:

Ich will kein Etikett, keine politische Farbe. Ich will einfach ein besseres Leben für uns alle – für die

Menschen, die dieses Land zu dem gemacht haben, was es heute ist. Und ich möchte, dass wir den Mut haben, die Dinge zu ändern, die nicht mehr funktionieren, und dass wir dabei auf das Wohl aller achten. Ein Miteinander, das uns stärker macht, ohne dass wir uns in Farben verlieren.

Es ist ein tief verwurzeltes Problem in unserer Gesellschaft: Wir denken oft in politischen Kategorien und stecken Menschen in Schubladen, ohne sie wirklich zu verstehen. Es scheint fast so, als ob es keine andere Möglichkeit gibt, sich zu positionieren oder eine Meinung zu äußern, als sich einer dieser Kategorien zuzuordnen. Wer sich nicht klar in eine der politischen Ecken stellt, wird häufig als „unentschlossen" oder „unpolitisch" wahrgenommen – als ob es nur die eine richtige Sichtweise gibt und alles andere irrelevant oder unklar ist.

Schubladendenken und seine Auswirkungen

Das Schubladendenken hat weitreichende Konsequenzen. Es erschwert die Verständigung und den Dialog zwischen Menschen mit unterschiedlichen Meinungen. Sobald jemand sich als „links" oder „rechts" positioniert, wird sofort angenommen, dass er oder sie die gesamte politische Agenda dieser Richtung teilt. Diese Vereinfachung hat zur Folge, dass komplexe Themen und persönliche Meinungen nur noch in einem vordefinierten Rahmen ausgetauscht werden. Die

Nuancen und die Differenzierung, die in einer freien und pluralistischen Gesellschaft so wichtig sind, geraten ins Hintertreffen.

Ein weiteres Problem ist, dass es immer schwieriger wird, von diesen Schubladen loszukommen, wenn man einmal drin steckt. Ein Kommentar oder eine Handlung, die nicht den Erwartungen einer bestimmten politischen Ausrichtung entspricht, kann einen sofort aus der „Reihenfolge" werfen. Wer beispielsweise als „normaler" Bürger an einer bestimmten Diskussion teilnimmt, ohne sich explizit einer bestimmten politischen Richtung zugehörig zu fühlen, wird oft mit Misstrauen betrachtet. Plötzlich ist man entweder zu wenig politisch engagiert oder wird sogar als Teil des „Problems" angesehen. Dabei sollte es doch genau darum gehen: dass jeder in einer pluralistischen Gesellschaft seine eigene Meinung frei äußern kann, ohne sofort in eine Ecke gedrängt zu werden.

Warum das Schubladendenken schädlich ist

Das Problem des Schubladendenkens ist nicht nur, dass es den Dialog erschwert, sondern dass es uns als Gesellschaft spaltet. Wir sind dann nicht mehr bereit, Menschen aufgrund ihrer Ideen oder Handlungen zu bewerten, sondern allein aufgrund des politischen Lagers, dem sie angeblich angehören. Das führt zu einer verhärteten Haltung und dazu, dass wir nicht mehr in der Lage sind, die Perspektiven anderer Menschen zu verstehen – oder gar zu akzeptieren.

Ich habe oft das Gefühl, dass wir dadurch den Blick für das große Ganze verlieren. Statt Lösungen zu suchen, werden wir zu einem Land, das sich vor allem darüber definiert, wer zu welchem Lager gehört und wer nicht. Doch das ist nicht die Essenz einer freien Gesellschaft. Die Essenz einer offenen, demokratischen Gesellschaft sollte vielmehr darin liegen, dass wir miteinander reden, uns gegenseitig zuhören und nach Lösungen suchen – ohne uns ständig zu fragen, ob der andere auf der „richtigen" Seite steht.

Freiheit von politischen Etiketten

Was wäre, wenn wir beginnen würden, Menschen nicht mehr nach ihrer politischen Zugehörigkeit zu beurteilen, sondern nach ihren Ideen und Werten? Was wäre, wenn wir den Mut hätten, uns gegenseitig zu hinterfragen, ohne gleich in die politische Ecke des anderen zu schauen? Wenn wir den Fokus wieder auf das legen würden, was uns als Gesellschaft wirklich voranbringt, anstatt uns durch ideologische Differenzen lähmen zu lassen?

Ich denke, wir müssten uns von der Idee verabschieden, dass wir uns unbedingt einer bestimmten politischen Kategorie zuordnen müssen, um verstanden zu werden. Es wäre viel befreiender, einfach die Vielfalt an Meinungen zuzulassen und uns darauf zu konzentrieren, wie wir als Gesellschaft vorankommen können – unabhängig davon, wie wir uns politisch definieren.

Was können wir tun?

Es braucht eine grundlegende Veränderung im Umgang miteinander. Der erste Schritt wäre, weniger in Etiketten zu denken und mehr in Ideen. Wir sollten uns fragen, welche Werte wir teilen, welche Lösungen wir für die Zukunft brauchen, und wie wir diese gemeinsam erreichen können. Es braucht mehr Mut, auch unkonventionelle Meinungen zuzulassen und zu respektieren. Nur so können wir aus diesem ständigen „Schubladenkrieg" herauskommen und zu einer Gesellschaft finden, die nicht nur auf den ersten Blick durch politische Etiketten, sondern durch gegenseitigen Respekt und Verständnis geprägt ist.

Ein weiterer Schritt könnte sein, dass wir beginnen, die Menschen hinter den politischen Etiketten wieder als Menschen zu sehen, mit eigenen Geschichten, Bedürfnissen und Wünschen. Wir sollten mehr Empathie aufbringen, um zu verstehen, warum jemand eine bestimmte Meinung vertritt. Warum er oder sie sich zu bestimmten politischen Themen so oder so positioniert. Dies könnte uns helfen, den Dialog zu öffnen und die Barrieren, die uns voneinander trennen, zu überwinden.

Fazit:

Das Schubladendenken und die Kategorisierung von Menschen nach politischen Richtungen sind gefährlich, weil sie uns die Fähigkeit rauben, differenziert und respektvoll miteinander zu kommunizieren. Es ist wichtig, dass wir als Gesellschaft anfangen, Menschen nicht mehr aufgrund ihrer politischen Zugehörigkeit zu bewerten, sondern nach ihren Ideen und ihrem Engagement für die Gemeinschaft. Wenn wir uns mehr auf das Miteinander und weniger auf das „Gegeneinander" konzentrieren, könnten wir vielleicht zu Lösungen kommen, die wirklich das Wohl aller fördern – unabhängig von politischen Farben und Etiketten.

Kapitel 9: Die Angst vor dem Terror – Leben in ständiger Bedrohung?

Die letzten Jahre haben uns in Deutschland und vielen anderen Ländern eines gezeigt: Die Angst vor Terroranschlägen ist längst kein abstraktes Gedankenspiel mehr, sondern Teil unseres alltäglichen Lebens. Und diese Angst ist nicht nur eine theoretische Sorge um fernen Terrorismus, sie ist real und spürbar geworden. Die Anschläge auf Weihnachtsmärkte, Messerangriffe in Städten und die ständige Bedrohung durch extremistische Gewalt haben unser Sicherheitsgefühl erschüttert und in vielen Fällen die Freude am öffentlichen Leben, an Feste feiern, an Gemeinschaft, verdunkelt. Und doch stellt sich immer wieder die Frage: Wie viel dieser Angst ist noch berechtigt, und wie viel davon ist die Konsequenz einer Gesellschaft, die sich zunehmend von der Ungewissheit beherrschen lässt?

Die Terroranschläge auf Weihnachtsmärkte

Ein besonders trauriges Beispiel für diese Entwicklung war der Anschlag auf den Weihnachtsmarkt in Berlin im Jahr 2016. Ein Attentäter raste mit einem Lkw in die Menschenmenge, tötete zwölf Menschen und verletzte viele weitere. Ein Ereignis, das den Charme und die Unbeschwertheit, die Weihnachtsmärkte eigentlich symbolisieren, für immer veränderte. Was einst als friedliche Feier der Vorfreude auf das Fest galt, wurde plötzlich zu einem Symbol der Bedrohung und der Angst. Und doch war der Berliner Anschlag nur einer von vielen – auch in anderen Städten, wie in Straßburg, kam es zu ähnlichen Vorfällen. Jedes Jahr gibt es neue Bedrohungen und Angriffe, die das Vertrauen in die öffentlichen Plätze weiter zerstören.

Es sind nicht nur die Terroranschläge selbst, die uns beunruhigen, sondern die Tatsache, dass diese Art von Gewalt mittlerweile als nahezu alltäglich wahrgenommen wird. Jedes Mal, wenn wir uns in größeren Menschenmengen aufhalten – sei es auf einem Weihnachtsmarkt, auf einem Konzert oder bei einem Stadtfest – schleicht sich das Gefühl der Unsicherheit ein. Immer öfter stellt man sich die Frage: „Ist das hier sicher? Was passiert, wenn es plötzlich wieder zu einem Angriff kommt?"

Der aktuelle Vorfall in Magdeburg

Erst vor kurzem wurde diese latente Angst

durch einen Vorfall auf dem Weihnachtsmarkt in Magdeburg wieder befeuert. Trotz der ohnehin schon hohen Sicherheitsvorkehrungen und der kontinuierlichen Bemühungen der Polizei, die Märkte abzusichern, kam es zu einem Vorfall, der eine tiefe Besorgnis auslöste. Ein verdächtiger Gegenstand führte zu einem Einsatz der Polizei und einer Evakuierung des Weihnachtsmarkts. Glücklicherweise handelte es sich um eine Fehlalarmierung, doch die Reaktion der Menschen – das hektische Verlassen des Geländes, die Panik, die sich ausbreitete – zeigte, wie fragil das Gefühl von Sicherheit geworden ist.

In einem Moment der Unsicherheit können wir nicht mehr einfach als Besucher in einem festlich erleuchteten Markt verweilen, ohne die Frage im Hinterkopf zu haben: „Was, wenn hier wirklich etwas passiert?" Und gerade zu dieser Jahreszeit, in der die Menschen normalerweise zusammenkommen, um zu feiern und das Jahr zu reflektieren, wird die Angst umso greifbarer. Der Magdeburger Vorfall erinnerte uns alle schmerzhaft daran, wie dünn der Schleier zwischen Normalität und Ausnahmezustand geworden ist.

Messerangriffe und zunehmende Gewalt

Neben den Terroranschlägen sind es vor allem die Messerangriffe, die in den letzten Jahren immer häufiger Schlagzeilen machen. In Städten wie Frankfurt, Köln, Hamburg und vielen anderen gibt es immer wieder Vorfälle, bei denen Menschen mit Messern angegriffen werden, oftmals scheinbar ohne Grund. Diese Taten tragen dazu bei, das Gefühl der Bedrohung in der Gesellschaft weiter zu verstärken. Wer könnte sich heute noch sicher fühlen, in einer deutschen Großstadt unterwegs zu sein, wenn diese Art von Gewalt alltäglich scheint?

Gerade der Aspekt der Messerangriffe sorgt für eine besondere Beklemmung, denn sie sind schwer vorhersehbar und können in jedem Moment, an jedem Ort passieren. Während wir früher vielleicht das Gefühl hatten, dass öffentliche Räume relativ sicher sind, scheint heute nichts mehr sicher. Es ist diese Unsicherheit, die die Gesellschaft in eine Art permanente Alarmbereitschaft versetzt.

Angst um die Kinder

Eine der schmerzlichsten Auswirkungen dieser allgegenwärtigen Angst ist die Sorge um die Sicherheit der eigenen Kinder. Als Eltern möchten wir unsere Kinder in einer Welt großziehen, in der sie die Freiheit haben, ohne Furcht vor Gewalt oder Terror zu leben. Doch was, wenn diese Freiheit von den Bedrohungen des modernen Lebens überschattet wird? Was, wenn unsere Kinder plötzlich in eine Situation geraten, in der sie sich nicht mehr sicher fühlen können?

Meine Tochter, gerade einmal zehn Jahre alt, drückte kürzlich ihre eigenen Ängste auf eine Weise aus, die mir den Atem stocken ließ. Sie sagte: „Wir machen Schokoladen-Erdbeeren zuhause, ich möchte nicht auf den Weihnachtsmarkt, da könnten wir sterben." Ein Satz, der mich gleichzeitig erschütterte und nachdenklich machte. Sie wollte nicht auf den Weihnachtsmarkt, nicht weil sie das Fest nicht genoss oder die Lichter nicht mochte, sondern weil die Vorstellung, dort in Gefahr zu geraten, für sie inzwischen eine Realität geworden war. Die Angst, die uns Erwachsene häufig in den Hintergrund drängt, ist für Kinder oft noch viel greifbarer. Sie hören von den Anschlägen, sie sehen die Berichterstattung in den Medien, sie spüren die Veränderungen in ihrer Umgebung – und diese Ängste übernehmen sie, ohne sie wirklich einordnen zu können.

Es ist ein erschreckendes Gefühl, wenn Kinder die Welt nicht mehr als einen sicheren Ort erleben. Ein Gefühl, das uns Eltern immer wieder in Frage stellen lässt: „Mache ich genug, um meine Kinder zu schützen? Schaffe ich es, ihnen noch ein Stück Unbeschwertheit zu bewahren?"

Die lähmende Angst

Was diese Angst so schwer erträglich macht, ist nicht nur ihre allgegenwärtige Präsenz, sondern die Tatsache, dass sie uns lähmt. Sie nimmt uns die Freiheit, uns wirklich zu entspannen und das Leben zu genießen. Sie lähmt unsere Fähigkeit, mit Zuversicht und Leichtigkeit in die Zukunft zu blicken. Jedes Geräusch, jeder unerklärliche

Moment, jeder verdächtige Blick kann plötzlich zu einer Bedrohung werden. Was früher als normale Unsicherheit im Alltag galt, ist heute zu einer allumfassenden Angst geworden, die uns ständig begleitet.

Diese Angst wird zunehmend zur ständigen Begleiterin. Wenn ich mit meinen Kindern unterwegs bin, wenn ich an öffentlichen Orten bin, wenn ich durch die Straßen gehe – immer wieder überkommt mich das Gefühl, dass der nächste Anschlag, der nächste Übergriff, immer schon vor der Tür stehen könnte. Es ist die Angst vor dem Unvorhersehbaren, vor dem, was keiner von uns wirklich kontrollieren kann. Und es ist eine Angst, die selbst in den ruhigsten Momenten unser Denken bestimmt.

„Ich habe Angst, dass wir sterben könnten", sagte meine Tochter, und damit hat sie eine Wahrheit ausgesprochen, die mir immer wieder die Kehle zuschnürt. Die Vorstellung, dass meine Kinder – die Unschuld in Person – von dieser Welt genommen werden könnten, ohne dass wir etwas hätten tun können, ist die schlimmste Vorstellung, die ich mir machen kann. Und genau diese Angst, diese lähmende Unsicherheit, macht mir selbst immer mehr Angst. Sie raubt mir nicht nur die Ruhe, sondern auch das Vertrauen in die Welt, in der wir leben. Wie viel kann ich meinen Kindern noch bieten, wenn die Welt von außen so gefährlich erscheint?

Der Verlust der Unbeschwertheit

Was passiert mit einer Gesellschaft, wenn ihre jüngsten Mitglieder von Anfang an mit einer solchen Angst aufwachsen? Wenn die Weihnachtsmärkte nicht mehr nur ein Ort der Freude sind, sondern auch mit der ständigen Möglichkeit einer Bedrohung verbunden werden? Wenn ein simples Erlebnis wie der Besuch eines Marktes plötzlich mit dem Gedanken an Terror und Gewalt verknüpft wird?

Es ist ein Verlust der Unbeschwertheit. Ein Verlust der Freiheit, einfach dorthin zu gehen, wo wir möchten, ohne ständig über unsere Sicherheit nachdenken zu müssen. Dieser Verlust betrifft uns alle – von den Kindern, die sich nicht mehr unbeschwert auf den Weihnachtsmarkt freuen können, bis hin zu den Erwachsenen, die sich fragen, wie sie die Ängste ihrer Kinder erklären sollen, ohne sie noch weiter zu verstärken.

Die Gesellschaft im Ausnahmezustand

Was wir hier erleben, ist nicht nur eine zunehmende Bedrohung durch Terror, sondern auch eine Veränderung der Gesellschaft selbst. Die ständige Präsenz der Angst – vor Anschlägen, vor Gewalt, vor Messerangriffen – verändert das, was wir als „normal" empfinden. Wir leben nicht mehr in einer Gesellschaft, in der wir das Leben in vollen Zügen genießen können, ohne ständig in Sorge zu leben. Diese ständige Unsicherheit hat Auswirkungen auf unser soziales Verhalten, auf unsere Lebensweise und auf unsere Werte.

Wir fragen uns immer öfter: Was ist wirklich sicher? Was können wir noch unbeschwert tun? Wo und wie können wir uns und unsere Kinder noch wirklich schützen? Und wer trägt letztlich die Verantwortung dafür, dass unsere Gesellschaft weiterhin sicher bleibt?

Fazit:

Die Angst vor Terror und Gewalt in unserer Gesellschaft ist nicht mehr nur ein abstrakter Gedanke, sondern eine gelebte Realität. Die tragischen Anschläge auf Weihnachtsmärkte und die zunehmenden Messerangriffe sind nur zwei von vielen Beispielen, die unser Leben beeinflussen. Aber was bleibt, wenn wir dieser Angst nachgeben? Was bleibt von der Freude und Unbeschwertheit, die unser Leben einst prägten, wenn wir uns immer mehr von der Sorge um die eigene Sicherheit leiten lassen? Die Worte meiner Tochter, die sich aus Angst vor dem Unvorhersehbaren entschloss, den Weihnachtsmarkt zu meiden, sind nur ein weiterer Ausdruck dessen, was wir heute als Gesellschaft zu verlieren drohen.

Und die Frage bleibt: Wie können wir als Gesellschaft weiterhin zusammenhalten und das Leben genießen, ohne uns von dieser allgegenwärtigen Angst beherrschen zu lassen? Wie können wir unseren Kindern noch den Glauben an eine sichere, unbeschwerte Zukunft vermitteln?

Kapitel 10: Die Entfremdung durch Schubladendenken und fehlende Integration – Das totale Versagen unserer Politik und der wirtschaftliche Zusammenbruch

In den letzten Jahren hat sich in Deutschland ein zunehmend problematisches Denken etabliert, das uns kollektiv in Schubladen steckt und uns als Gesellschaft immer weiter auseinanderdriften lässt. Es scheint fast so, als ob die Differenzierung und das Verständnis für die Komplexität des Einzelnen verloren gegangen sind. Stattdessen wird die Gesellschaft in einfache Kategorien eingeteilt: „links", „rechts", „grün", „braun", „liberal", „konservativ". Diese Reduzierung auf politische Labels und Gruppen hat die politische Diskussion verflacht und schafft eine Atmosphäre der

Konfrontation anstatt der Kooperation.

Schubladendenken als gesellschaftliches Problem

Die weit verbreitete Neigung, Menschen nach ihrer politischen Überzeugung oder Herkunft in feste Schubladen zu stecken, hat weitreichende Folgen für die Gesellschaft. Wer sich nicht strikt in eine der bekannten Kategorien einordnen lässt, wird oft nicht nur missverstanden, sondern auch ausgegrenzt. Diese schnelle Einteilung führt dazu, dass Menschen, die differenzierte und nuancierte Meinungen vertreten, wenig Raum in der öffentlichen Diskussion finden. Wer zum Beispiel zu Migration, Integration oder anderen gesellschaftlichen Themen eine kritische Haltung einnimmt, wird häufig schnell als „Rechtspopulist" oder „Nazi" abgestempelt. Dies unterdrückt nicht nur die Meinungsvielfalt, sondern erschwert auch das Finden konstruktiver Lösungen für die drängenden Probleme der Gesellschaft.

Dieser Trend hat auch eine verstärkte Spaltung innerhalb der Gesellschaft zur Folge. Statt in einem offenen Dialog Lösungen zu suchen, fühlen sich viele Menschen gezwungen, sich entweder auf die eine oder andere Seite zu stellen – ohne die Möglichkeit, in einer Mitte oder mit einer differenzierten Haltung zu agieren. Wer als „unpolitisch" oder „neutral" auftritt, wird oft als feige oder uninteressiert wahrgenommen. Das führt zu einer Atmosphäre der Entfremdung, in der viele Menschen das

Gefühl haben, dass ihre Meinungen nicht mehr respektiert oder gehört werden, weil sie nicht in die vorgefertigten Kategorien passen.

Fehlende Integration und ihre Folgen

Ein weiteres zentrales Problem, das sich in den letzten Jahren verschärft hat, ist die unzureichende Integration von Migranten und Flüchtlingen in die Gesellschaft. Diese Menschen suchen ein besseres Leben in Deutschland, doch die Realität sieht oft anders aus. Anstatt sich in die Gesellschaft einzufügen, sehen sich viele von ihnen mit Herausforderungen konfrontiert, die ihnen das Gefühl geben, nicht willkommen zu sein. Hier geht es nicht nur um Arbeitsplätze oder Sprachkenntnisse, sondern auch um die grundlegende Akzeptanz und Zugehörigkeit.

Die Politik hat in vielerlei Hinsicht versäumt, eine klare Strategie zur Integration zu entwickeln. Es mangelt an praxisorientierten Programmen, die Migranten nicht nur die sprachlichen, sondern auch die sozialen und kulturellen Fähigkeiten vermitteln, die sie benötigen, um sich in die Gesellschaft einzufügen. Stattdessen werden oft populistische Maßnahmen ergriffen, die das Problem nur oberflächlich ansprechen, aber nicht die zugrunde liegenden Ursachen lösen. Es gibt immer mehr Parallelgesellschaften, die sich in den großen Städten herausgebildet haben. Diese Parallelgesellschaften entstehen nicht nur aufgrund von Armut, sondern auch durch ein Fehlen von Perspektiven und das Gefühl der Entfremdung.

Die fehlende Integration hat nicht nur Auswirkungen auf die Migranten selbst, sondern auch auf die Gesamtgesellschaft. In einer Gesellschaft, in der Menschen nicht das Gefühl haben, dass sie zu etwas gehören, entstehen Spannungen und Konflikte. Es entstehen Gräben zwischen verschiedenen gesellschaftlichen Gruppen, die von Ängsten und Vorurteilen geprägt sind. Diese Spaltung hat nicht nur das soziale Gefüge destabilisiert, sondern führt auch zu einer wachsenden Ablehnung von Migranten und anderen Minderheiten, was sich in einer zunehmenden Zahl von fremdenfeindlichen Vorfällen widerspiegelt.

Das Versagen von Justiz und Verfassungsschutz

Die mangelnde Integration ist jedoch nicht das einzige Problem, das die Gesellschaft destabilisiert. Ein weiteres gravierendes Problem ist das Versagen von Institutionen wie der Justiz und dem Verfassungsschutz. In Deutschland hat sich das Gefühl verbreitet, dass die Justiz in vielen Fällen nicht in der Lage ist, angemessen mit Kriminalität und Extremismus umzugehen. Straftaten, die in Zusammenhang mit Migrationshintergrund oder kulturellen Differenzen stehen, werden häufig nicht konsequent verfolgt oder zu lasch bestraft. Wenn es um Straftaten geht, die von Migranten oder Flüchtlingen begangen werden, hat man oft das

Gefühl, dass hier ein gewisser „Schutzschirm" besteht – ein Umstand, der sich mit den Ansichten der Bevölkerung nur schwer vereinbaren lässt.

Es ist kein Geheimnis, dass die Deutschen zunehmend das Vertrauen in die Fähigkeit der Justiz verlieren, eine faire und gerechte Strafe zu verhängen. Wenn ein Krimineller, der schwere Straftaten begangen hat, nach kurzer Zeit wieder auf freien Fuß gesetzt wird, während jemand, der in einer friedlichen Demonstration seine Meinung äußert, schnell mit strafrechtlichen Konsequenzen rechnen muss, entstehen massive Zweifel an der Unabhängigkeit und Gerechtigkeit der Justiz. In einer Zeit, in der die Menschen das Gefühl haben, dass das Rechtssystem nicht die nötige Härte gegenüber Kriminellen zeigt, wächst die Entfremdung der Bürger gegenüber den Institutionen.

Ebenso erweckt der Verfassungsschutz immer wieder den Eindruck, nicht konsequent gegen Extremismus vorzugehen. Ob es sich um rechten oder linken Extremismus handelt, die Institutionen wirken oft überfordert und reagieren zu langsam auf drohende Gefahren. Das führt zu einer zunehmenden Unsicherheit in der Bevölkerung. Die Frage, ob der Staat in der Lage ist, seine Bürger vor extremistischen Tendenzen zu schützen, bleibt immer wieder unbeantwortet.

Zu hohe Toleranz gegenüber Straftaten und

Extremismus

Ein weiteres zentrales Problem, das sich in den letzten Jahren immer stärker bemerkbar macht, ist die übermäßige Toleranz gegenüber Straftaten und extremistischen Tendenzen. In Deutschland gibt es eine besorgniserregende Bereitschaft, Straftaten herunterzuspielen oder zu relativieren, um Konflikte zu vermeiden oder nicht als intolerant wahrgenommen zu werden. Diese Toleranz hat jedoch zur Folge, dass Straftaten nicht mit der nötigen Härte verfolgt werden und dass Extremismus, ob von rechts oder von links, nicht immer konsequent geächtet wird.

Es ist ein gefährlicher Trend, wenn man Straftaten als „Einzelfälle" abtut oder die Verantwortung auf gesellschaftliche Umstände schiebt, ohne die Täter zur Rechenschaft zu ziehen. Diese Toleranz kann langfristig dazu führen, dass sich kriminelle und extremistische Gruppen weiter radikalisieren und sich immer stärker in der Gesellschaft verankern. Wenn Straftäter oder Extremisten nicht die Konsequenzen für ihr Handeln tragen, wird die Gesellschaft zunehmend unsicherer. Die Grenze zwischen „normalem" Verhalten und extremen Positionen verwischt, was dazu führt, dass es immer schwieriger wird, in der Gesellschaft klare Linien zu ziehen.

Der wirtschaftliche Zusammenbruch und die Auswirkungen auf die Gesellschaft

Neben diesen sozialen und politischen Herausforderungen droht Deutschland nun auch ein wirtschaftlicher Zusammenbruch, der die gesellschaftliche Stabilität weiter gefährden könnte. Die deutsche Wirtschaft, die lange Zeit als stabil und robust galt, steht unter enormem Druck. Globalisierung, steigende Energiepreise, eine sinkende industrielle Produktion und die Erschöpfung von Arbeitskräften aufgrund der demografischen Entwicklung setzen das Wirtschaftssystem unter enormen Stress.

Die Bundesregierung hat in den letzten Jahren durch teure Sozialprogramme und umfangreiche Hilfsmaßnahmen eine hohe Staatsverschuldung aufgebaut. Gleichzeitig leiden die kleinen und mittelständischen Unternehmen unter den gestiegenen Betriebskosten, während die großen Konzerne zunehmend ins Ausland abwandern oder ihre Produktion auslagern, um den Wettbewerbsdruck zu überleben. Dieser wirtschaftliche Abschwung führt zu einer Verarmung breiter Teile der Bevölkerung, was die sozialen Spannungen weiter verschärft.

Gerade die Rentner, die oft schon in prekären Verhältnissen leben, haben zunehmend Schwierigkeiten, ihre Grundbedürfnisse zu decken. Wer als Rentner plötzlich an der Supermarktkasse stehen muss und überlegen muss, was er zurückgibt, weil das Geld nicht reicht, fühlt sich abgehängt und machtlos. Es ist ein Gefühl der Ohnmacht, das sich immer mehr durch die Gesellschaft zieht. Und auch die jungen Menschen, die keine Perspektive auf dem Arbeitsmarkt finden, fangen an, sich von der Gesellschaft entfremdet zu fühlen.

Das totale Versagen unserer Politik

Der Kern des Problems liegt jedoch im Versagen unserer Politik. Die Politik in Deutschland hat in den letzten Jahren in vielerlei Hinsicht versagt, und das Vertrauen der Bevölkerung in die politische Klasse schwindet zusehends. Während die Bürger mit immer drängenderen Problemen konfrontiert sind, hat die politische Elite den Eindruck erweckt, dass sie nicht in der Lage ist, konkrete Lösungen zu liefern. Stattdessen konzentriert man sich häufig auf ideologische Fragen, die den wahren Problemen nicht gerecht werden. Themen wie Migration, Integration und Sicherheit werden nur noch als Teil des politischen Spiels behandelt, anstatt als ernsthafte gesellschaftliche Herausforderungen.

Das Resultat ist eine politische Atmosphäre, die von Hektik und Krisenbewältigung geprägt ist, ohne dass langfristige Lösungen angeboten werden. Es gibt keine klare Vision für die Zukunft Deutschlands, keine kohärente Strategie für die Integration und keine langfristige Planung für die soziale und wirtschaftliche Stabilität. Die Unfähigkeit der Politik, auf die wachsenden Ängste und Unsicherheiten der Bevölkerung einzugehen, trägt zur weiteren Entfremdung bei.

Fazit

Deutschland steht an einem Scheideweg. Die Zersplitterung der Gesellschaft, das Schubladendenken, das Versagen von Justiz und Verfassungsschutz, die übermäßige Toleranz gegenüber extremistischen und kriminellen Tendenzen sowie die drohende wirtschaftliche Instabilität haben das Vertrauen in die Institutionen des Staates erschüttert. Die Menschen fühlen sich zunehmend unsicher und entfremdet. Die politische Klasse muss endlich erkennen, dass die aktuellen Herausforderungen nicht mit populistischen Sprüchen und oberflächlichen Maßnahmen gelöst werden können. Es bedarf einer klaren, langfristigen Strategie, die Integration fördert, die Sicherheit gewährleistet und das Vertrauen in die Institutionen wiederherstellt. Nur so kann Deutschland als Gesellschaft zusammenfinden und die Herausforderungen der Zukunft meistern.

Kapitel 11: Die Schatten der Geschichte: Wie viel Last trägt die deutsche Identität?

Deutschland ist ein Land, das in seiner Geschichte viele Wendepunkte und Umwälzungen erlebt hat. Vom Heiligen Römischen Reich über die Gründerzeit des deutschen Kaiserreichs bis hin zum geteilten Deutschland und der Wiedervereinigung ist die deutsche Geschichte voller Glanz und Schatten. Doch auch wenn diese Geschichte längst der Vergangenheit angehört, trägt die deutsche Identität noch immer die Last dieser vergangenen Zeiten. Ein zentrales Thema dabei ist die Frage, wie viel diese Geschichte heute noch prägt und in welchem Maße sie die Wahrnehmung von Nationalstolz und die Entwicklung einer modernen, vereinten Identität beeinflusst.

Das Erbe des Zweiten Weltkriegs und die Verantwortung

Die wohl prägendste Periode in der deutschen Geschichte ist ohne Zweifel der Zweite Weltkrieg und die damit verbundene Vernichtungspolitik, die zu den schlimmsten Verbrechen der Menschheitsgeschichte führte. Der Holocaust, die Zerstörung ganzer Städte und die Millionen von Toten haben tiefe Spuren hinterlassen, nicht nur in den betroffenen Ländern, sondern auch in der deutschen Seele.

Nach dem Ende des Krieges stand Deutschland vor der gewaltigen Aufgabe, sich mit seiner eigenen Schuld auseinanderzusetzen. Die Entnazifizierung und der Aufbau einer neuen, demokratischen Gesellschaft waren zentrale Themen der Nachkriegszeit. Doch trotz jahrzehntelanger Bemühungen um Aufarbeitung und Erinnerung bleibt die Schuldfrage ein ständiger Begleiter der deutschen Identität. Viele Deutsche empfinden immer noch eine kollektive Verantwortung für das, was während des Zweiten Weltkriegs geschehen ist – eine Verantwortung, die zwar gerechtfertigt ist, aber auch eine bleibende Last darstellt.

Diese historische Verantwortung hat dazu geführt, dass viele Deutsche eine gewisse Zurückhaltung entwickelt haben, wenn es darum geht, ihren

Nationalstolz zu zeigen. Die einfache Aussage „Ich bin stolz, Deutscher zu sein", die in anderen Ländern Ausdruck von Zugehörigkeit und Patriotismus ist, wird in Deutschland oft mit der Gefahr verbunden, in die Nähe von Nationalismus oder Rechtsextremismus gerückt zu werden. Wer sich als Deutscher zu erkennen gibt, sieht sich oft mit der Frage konfrontiert: „Wie kannst du stolz auf ein Land sein, das so viele Verbrechen begangen hat?"

Es ist ein Dilemma, das tief in der deutschen Gesellschaft verwurzelt ist. Denn wie kann man als Deutscher ein gesundes Selbstbewusstsein entwickeln, ohne dabei die dunkle Vergangenheit zu verkennen? Und wie kann man seine Identität im 21. Jahrhundert gestalten, ohne ständig von den Taten der Vorfahren definiert zu werden?

Die Teilung und die Wiedervereinigung

Ein weiterer Schatten, der die deutsche Identität prägt, ist die Teilung des Landes nach dem Zweiten Weltkrieg. Der Kalte Krieg zerriss Deutschland in zwei Teile: die Bundesrepublik Deutschland im Westen und die Deutsche Demokratische Republik im Osten. Diese Teilung führte zu völlig unterschiedlichen politischen und sozialen Realitäten, die sich über Jahrzehnte hinweg verstärkten. Westdeutschland erlebte einen wirtschaftlichen Aufschwung und eine zunehmende Liberalisierung, während in der DDR die Bevölkerung unter der Kontrolle des SED-Regimes lebte.

Die Wiedervereinigung 1990 brachte einerseits das Gefühl der Freude und des Aufbruchs, doch sie hinterließ auch tiefe Gräben, die bis heute in der deutschen Gesellschaft sichtbar sind. Der Osten Deutschlands fühlt sich oft vom Westen benachteiligt, was sich in einer stärkeren Abneigung gegenüber der Regierung und einer größeren Zustimmung zu populistischen Bewegungen zeigt. Die Frage der nationalen Einheit, die nach der Wiedervereinigung eigentlich geklärt schien, bleibt auch heute noch ein umstrittenes Thema.

Es stellt sich die Frage, ob die deutsche Identität wirklich vereint ist oder ob sie immer noch von der Teilung und der unterschiedlichen Geschichte der beiden deutschen Staaten geprägt ist. Wie viel vom Osten und Westen bleibt in den Köpfen der Menschen? Und wie viel beeinflusst dies unsere Fähigkeit, als vereintes Land zu agieren und zu denken?

Der Umgang mit dem Nationalstolz in der Gegenwart

In der heutigen Zeit ist es in Deutschland zunehmend schwieriger, eine klare Linie zu finden, wenn es darum geht, wie man seine nationale Identität zeigen kann, ohne auf Widerstand zu stoßen. Besonders junge Menschen finden es oft schwer, sich mit einem „deutschen Stolz" zu identifizieren, da dieser häufig mit den negativen Assoziationen der Vergangenheit verbunden wird. Wer sich positiv auf Deutschland bezieht, sieht sich oft mit dem Vorwurf konfrontiert, ein nationalistisches oder gar rechtsextremes Weltbild zu vertreten.

Diese Zurückhaltung ist in gewisser Weise verständlich, vor allem, wenn man die historischen Konnotationen von Nationalismus und Faschismus in Deutschland bedenkt. Doch führt diese Zurückhaltung nicht auch zu einem falschen Bild von dem, was es bedeutet, ein Land zu lieben? Es gibt kaum einen anderen Ort auf der Welt, an dem so viele Menschen sich ihrer eigenen Geschichte so bewusst sind, und trotzdem scheint es schwer, einfach zu sagen: „Ich liebe mein Land." Der Begriff „Nationalstolz" wird hierzulande schnell mit einem von Hass und Ausgrenzung getriebenen Nationalismus gleichgesetzt, was es schwierig macht, eine gesunde Form des Patriotismus zu entwickeln.

Dies führt zu einer paradoxen Situation: Die Deutschen sind in vieler Hinsicht stolz auf die Erfolge ihres Landes – auf die Wirtschaft, auf die Kultur, auf das soziale System – doch dieser Stolz wird oft nicht offen ausgesprochen, aus Angst, falsch verstanden zu werden. An diesem Punkt wird deutlich, dass die Schatten der Geschichte weiterhin die deutsche Identität beeinflussen, auch wenn viele der historischen Verwerfungen längst nicht mehr Teil der täglichen Realität sind.

Wie viel Last kann die Identität tragen?

Die zentrale Frage, die sich in diesem Kapitel stellt, lautet: Wie viel Last kann eine Identität tragen, bevor sie zerbricht? Die deutsche Identität ist so stark mit der Vergangenheit verwoben, dass sie kaum in der Gegenwart leben kann, ohne sich mit den Geistern der Geschichte auseinanderzusetzen. Doch ist es nicht an der Zeit, diese Geister loszulassen und eine neue, weniger belastete Identität zu entwickeln? Eine Identität, die anerkennt, was in der Vergangenheit geschehen ist, aber nicht von ihr bestimmt wird.

Vielleicht ist es an der Zeit, den Begriff des „Nationalstolzes" neu zu definieren. Stolz auf ein Land zu sein, muss nicht bedeuten, die Fehler der Vergangenheit zu verdrängen oder sich über andere zu erheben. Es kann bedeuten, die Erfolge zu feiern und sich auf das zu konzentrieren, was wir gemeinsam erreicht haben. Es kann bedeuten, Verantwortung zu übernehmen – nicht nur für die dunklen Kapitel der Geschichte, sondern auch für die Zukunft.

Fazit

Deutschland trägt eine schwere Last aus der Vergangenheit. Doch die Frage, wie viel diese Last die heutige Identität beeinflusst, bleibt offen. Vielleicht ist es möglich, eine Identität zu schaffen, die weder in der Vergangenheit gefangen ist noch von den Ängsten der Gegenwart geprägt wird. Eine Identität, die auf den gemeinsamen Werten basiert, die Deutschland zu einem erfolgreichen und friedlichen Land gemacht haben, und die bereit ist, sich weiterzuentwickeln. Vielleicht ist der Weg nicht leicht, aber er ist notwendig, wenn wir als Gesellschaft in eine Zukunft gehen wollen, die frei von den Schatten der Geschichte ist und in der wir unser Land in einem gesunden und positiven Licht sehen können.

Kapitel 12: Demokratie in Gefahr: Wie weit ist die Geduld der Bürger noch tragbar?

In den letzten Jahren hat sich die politische Stimmung in Deutschland merklich verändert. War das Land noch vor einigen Jahrzehnten das Paradebeispiel einer stabilen Demokratie, in der politischer Konsens und Rechtsstaatlichkeit als selbstverständlich galten, so erleben wir heute eine zunehmende Entfremdung der Bürger von den politischen Institutionen. Die Gesellschaft ist polarisiert, das Vertrauen in die Regierung bröckelt, und immer mehr Menschen stellen die Leistungsfähigkeit der Demokratie infrage. Diese Entwicklungen werfen eine entscheidende Frage auf: Wie lange kann eine Demokratie funktionieren, wenn sich immer größere Teile der Bevölkerung nicht mehr repräsentiert fühlen? Wie weit ist die Geduld der Bürger noch tragbar?

Deutschland hat sich über viele Jahrzehnte als eine der stabilsten Demokratien in Europa etabliert. Doch zunehmend wächst das Gefühl, dass diese Stabilität gefährdet ist. Die politische Entfremdung nimmt zu, die Kluft zwischen den politischen Eliten und der breiten Bevölkerung wird immer tiefer. Diese Entfremdung ist nicht nur ein Vorbote für politische Instabilität, sondern auch ein ernstzunehmendes Risiko für den Fortbestand der Demokratie, wie wir sie kennen.

Das schwindende Vertrauen in die politischen Institutionen

Ein fundamentaler Pfeiler jeder funktionierenden Demokratie ist das Vertrauen der Bürger in ihre politischen Institutionen. Wenn dieses Vertrauen schwindet, dann beginnt die Demokratie zu wanken. Und in Deutschland ist dieses Vertrauen in den letzten Jahren merklich gesunken. Die Bürger fragen sich zunehmend, ob die politischen Institutionen in der Lage sind, die drängenden Probleme der Gesellschaft zu lösen oder ob sie diese Probleme eher verschärfen.

Es gibt eine weit verbreitete Wahrnehmung, dass die etablierten Parteien und die politische Elite in ihrer Blase leben, abgekoppelt von den realen Sorgen und Bedürfnissen der Menschen. Die Politik erscheint vielen als ein Spiel der Interessen, bei dem nicht mehr das Wohl des gesamten Volkes im Vordergrund steht, sondern die Interessen bestimmter gesellschaftlicher Gruppen, die in der Lage sind, ihre Anliegen auf politischem Weg durchzusetzen. Die Stimmen der einfachen Bürger, der Arbeiter und Rentner, der Menschen in den ländlichen Regionen, die die drängenden Fragen des Alltags ansprechen, erscheinen immer weniger gehört.

Die Parteien in Deutschland scheinen zunehmend ihre Identität zu verlieren und schlingern zwischen ideologischen Extremen hin und her. Diese Orientierungslosigkeit führt dazu, dass immer mehr Bürger das Vertrauen in die etablierten politischen Parteien verlieren. Die politischen Diskurse in den großen Parteien sind oftmals nicht mehr im Einklang mit den Sorgen der Menschen. Themen wie die Sicherung von Arbeitsplätzen, die Bekämpfung der steigenden Lebenshaltungskosten oder die Angst vor Kriminalität und Terror werden oft nur halbherzig oder überhaupt nicht behandelt. Stattdessen konzentrieren sich die großen Parteien auf abstrakte Themen wie den Klimawandel oder die internationale Verantwortung Deutschlands, Themen, die viele Menschen als entfernt von ihrem täglichen Leben empfinden.

Die Politik hat es versäumt, den Bürgern eine klare Perspektive zu bieten und ihnen das Gefühl zu vermitteln, dass ihre Bedürfnisse und Wünsche eine zentrale Rolle spielen. Stattdessen sehen sich immer mehr Menschen von der Politik entfremdet, und es entsteht das Gefühl, dass das politische System nicht mehr für das Wohl des Volkes sorgt, sondern vielmehr von einer Elite kontrolliert wird, die ihre eigenen Interessen verfolgt.

Die Entfremdung von der Demokratie

Die Folge dieser Entfremdung ist ein wachsendes Misstrauen gegenüber der Demokratie selbst. Wer das Gefühl hat, dass die eigene Stimme keinen Einfluss auf die politischen Entscheidungen hat, wer den Eindruck hat, dass die eigenen Anliegen nicht gehört werden, verliert das Vertrauen in das politische System. Die Demokratie erscheint dann als leere Hülle, als ein System, das nicht mehr in der Lage ist, den Bedürfnissen der Bürger gerecht zu werden.

Das führt zu einer gefährlichen Spirale: Je mehr sich die Bürger von der Politik entfremden, desto mehr wenden sie sich von den demokratischen Prozessen ab. Sie nehmen nicht mehr an Wahlen teil, weil sie glauben, dass es ohnehin keinen Unterschied macht, wer an der Macht ist. Die Wahlbeteiligung sinkt, und immer weniger Menschen glauben daran, dass sie durch ihre Stimme etwas verändern können.

Dieses Vertrauen ist jedoch notwendig, um eine funktionierende Demokratie aufrechtzuerhalten. Wenn die Bürger nicht mehr an die Legitimität der Regierung und des parlamentarischen Systems glauben, dann bröckelt das Fundament der Demokratie. Die Krise des Vertrauens kann sich so zu einer ernsthaften Bedrohung für das demokratische System entwickeln.

Populismus als Reaktion auf das Vertrauensdefizit

Angesichts dieser zunehmenden Entfremdung haben populistische Bewegungen und Parteien an Bedeutung gewonnen. Sie sprechen gezielt die Sorgen und Ängste der Bürger an und versprechen, das politische System zu verändern. Sie nutzen die Unzufriedenheit mit den etablierten Parteien, um sich als die „wahren Vertreter des Volkes" zu positionieren. Parteien wie die AfD haben sich als Anwälte der „einfachen Leute" etabliert und behaupten, die Probleme des Landes zu verstehen und Lösungen zu bieten, die den etablierten Parteien angeblich entgangen sind.

Der Populismus hat dabei eine einfache, aber äußerst wirksame Rhetorik entwickelt: Es geht darum, „die Elite" zu entlarven und den „wahren Willen des Volkes" zu vertreten. Dabei werden die politischen Eliten häufig als korrupt, inkompetent oder gar verräterisch dargestellt. Die populistischen Bewegungen zeichnen ein Bild von „wir gegen die" – das Volk gegen die Elite, die die Bedürfnisse der Bürger ignoriert und die Demokratie untergräbt.

Der Populismus lebt von der Angst, von der Enttäuschung und von der Frustration der Menschen. Er bietet einfache Antworten auf komplexe Fragen und appelliert an Emotionen statt an Rationalität. Der Populismus schürt Misstrauen und hat in vielen Fällen auch zur Zersplitterung der Gesellschaft beigetragen. Statt den Dialog zu suchen und Lösungen zu finden, spaltet der Populismus die Gesellschaft weiter in zwei Lager: die „Guten" und die „Bösen", die „Patrioten" und die „Verräter".

Doch Populismus birgt auch Gefahren. Er führt zu einer Verrohung des politischen Diskurses, in dem Argumente immer weniger zählen, dafür aber Emotionen und extreme Positionen immer mehr Raum einnehmen. Statt konstruktiver Problemlösungen werden einfache Sündenböcke präsentiert, die das Land spalten und den Weg für radikale Veränderungen ebnen.

Der Weg zur Erneuerung der Demokratie

Die Frage, die sich Deutschland stellen muss, lautet: Wie lässt sich diese Krise des Vertrauens überwinden? Wie kann die Demokratie erneuert werden, damit sie wieder als ein System wahrgenommen wird, das den Bedürfnissen der Bürger gerecht wird? Die Antwort auf diese Frage erfordert tiefgreifende Veränderungen.

Zunächst einmal muss die Politik wieder näher an den Menschen rücken. Sie muss die Sorgen der Bürger ernst nehmen und konkrete Lösungen für die drängenden Probleme des Alltags bieten. Es reicht nicht aus, die großen Themen wie den Klimawandel oder die internationale Verantwortung zu diskutieren, wenn gleichzeitig die sozialen Probleme im Land ungelöst bleiben. Es braucht eine Politik, die die Menschen dort abholt, wo sie leben: in ihren Städten und Dörfern, in ihren Arbeitsplätzen und in ihren Familien.

Es ist von entscheidender Bedeutung, dass die Politik sich wieder als Dienstleister für das Volk begreift. Die Bürger müssen das Gefühl haben, dass sie mit ihren Sorgen und Anliegen gehört werden und dass ihre Stimme Einfluss auf die politischen Entscheidungen hat. Dazu gehört, dass die Bürger stärker in den politischen Entscheidungsprozess eingebunden werden. Partizipation und Transparenz sind die Schlüssel, um das Vertrauen der Menschen in die Demokratie zurückzugewinnen.

Außerdem muss die Demokratie mehr als nur ein politisches System sein; sie muss ein echtes Gefühl der Zugehörigkeit vermitteln. Das bedeutet, dass die Gesellschaft als Ganzes in den Dialog treten muss, dass Diskussionen geführt werden müssen, die über die klassische politische Rhetorik hinausgehen. Der politische Diskurs muss offen und inklusiv sein, und die Menschen müssen das Gefühl haben, dass sie aktiv an der Gestaltung ihrer Zukunft mitwirken können.

Wenn diese grundlegenden Veränderungen nicht schnell genug kommen, droht Deutschland eine tiefgreifende politische Krise, die auch den Fortbestand der Demokratie gefährden könnte. Die Geduld der Bürger ist nicht unendlich, und die Zeiten, in denen die Menschen bereit sind, sich mit einem System zu arrangieren, das sie nicht mehr als fair und repräsentativ empfinden, sind vorbei.

Kapitel 13: Der Verlust der "Mitte" – Die politische Entfremdung der Gesellschaft

In den letzten Jahren ist eine auffällige Tendenz zu beobachten: Die politische Mitte scheint zu verschwinden, und die Gesellschaft wird immer stärker in zwei Lager gespalten. Diese Entwicklung hat nicht nur Auswirkungen auf die politische Landschaft, sondern auch auf den gesellschaftlichen Zusammenhalt und das Vertrauen in Institutionen. Die politische Entfremdung, die mit dem Verlust der „Mitte" einhergeht, ist ein Phänomen, das nicht nur in Deutschland, sondern auch in vielen westlichen Demokratien zu beobachten ist. Was bedeutet dieser Verlust, und wie haben wir uns von einem Konsensverständnis zu einer zunehmend polarisierten Gesellschaft entwickelt?

Das Verschwinden der politischen Mitte

Früher galt die politische Mitte als stabilisierender

Faktor in der Gesellschaft. Sie war der Raum, in dem breite Schichten der Bevölkerung ihre politischen Überzeugungen auslebten und Kompromisse gefunden wurden. Parteien der Mitte, seien es Sozialdemokraten, Christdemokraten oder Liberale, repräsentierten eine Vielzahl von Interessen und versuchten, das Gemeinwohl zu fördern, ohne sich radikal auf eine Seite zu schlagen.

Doch diese politische Mitte ist zunehmend aufgelöst worden. Was früher als „vernünftig" galt, wird heute oft als „einfallslos" oder „realitätsfern" abgetan. Die Gräben zwischen den politischen Lagern haben sich vertieft, und die Debatten werden nicht mehr auf Augenhöhe geführt, sondern in einer Sprache der Feindseligkeit und des Misstrauens. Politiker, die in der Mitte standen, wurden zunehmend von den Rändern des politischen Spektrums überflügelt. Die extreme Rechte und Linke haben nicht nur an Einfluss gewonnen, sondern sie beherrschen oft die öffentliche Diskussion und prägen das politische Klima.

Die Ursache für den Verlust der Mitte ist vielfältig. Einerseits gibt es die wachsende Unzufriedenheit mit den etablierten Parteien, die oft als nicht mehr in der Lage angesehen werden, die drängenden Fragen der Gesellschaft zu beantworten. Andererseits haben technologische Entwicklungen und die Verbreitung von sozialen Medien zu einer Fragmentierung der politischen Kommunikation geführt. In den Filterblasen von Facebook, Twitter und anderen

Plattformen sind die Menschen zunehmend in den eigenen ideologischen Welten gefangen, und differenzierte Diskussionen werden von simplen, schwarz-weiß-Denkmustern ersetzt.

Die Rolle der sozialen Medien in der politischen Entfremdung

Soziale Medien haben die Art und Weise, wie wir Politik konsumieren und verstehen, revolutioniert. Sie bieten einer breiten Masse die Möglichkeit, sich schnell zu informieren und politisch zu äußern. Doch die Kehrseite dieser Entwicklung ist die Fragmentierung des politischen Diskurses. In den sozialen Medien werden Inhalte oft so zugespitzt, dass sie polarisierend wirken. Was früher als Nuance oder Kompromiss galt, wird heute oft als Schwäche oder Verrat angesehen.

In den sozialen Netzwerken finden Menschen zunehmend Bestätigung ihrer eigenen Überzeugungen, ohne sich mit anderen Perspektiven auseinanderzusetzen. Algorithmen, die darauf ausgelegt sind, Inhalte zu verbreiten, die die Nutzer emotional ansprechen, verstärken diese Dynamik. Die Folge ist eine immer stärkere Entfremdung von der politischen Mitte, da die Diskussionen nur noch in den extremen Bereichen stattfinden. Der Raum für Kompromisse, für differenzierte Betrachtungen, wird immer kleiner.

Populismus als Antwort auf das Verschwinden der Mitte

Der Aufstieg populistischer Bewegungen ist eng mit der Entfremdung der Gesellschaft und dem Verlust der politischen Mitte verbunden. Populisten bieten einfache Antworten auf komplexe Probleme und sprechen direkt die Ängste und Frustrationen der Menschen an. Sie versprechen eine Rückkehr zu einer „einfacheren" Zeit, in der die Gesellschaft noch „klarer" strukturiert war und die Entscheidungen „klarer" getroffen wurden.

Doch die populistische Rhetorik ist oft gefährlich, da sie komplexe gesellschaftliche Probleme vereinfacht und Feindbilder schafft. Populisten teilen die Welt in „das Volk" und „die Eliten" auf, was zu einer zunehmenden Entfremdung zwischen den verschiedenen Teilen der Gesellschaft führt. Die politische Mitte, die früher als Ort des Dialogs und der Vermittlung galt, ist in diesem polarisierenden Klima nicht mehr gefragt. Wer sich zu einer gemäßigten Haltung bekennt, wird schnell als „unentschlossen" oder „ausweichend" wahrgenommen, während die Ränder der politischen Landschaft die Debatten dominieren.

Die Folgen der Entfremdung: Vertrauensverlust in Institutionen

Eine der gravierendsten Folgen des Verlusts der politischen Mitte ist der zunehmende Vertrauensverlust in die demokratischen Institutionen. Früher galt das politische System als relativ stabil und verlässlich. Es gab eine breite

Übereinstimmung darüber, dass Wahlen fair und transparent sind, dass die Justiz unabhängig arbeitet und dass die Regierung im Interesse des Volkes handelt. Doch heute ist dieses Vertrauen vielerorts erschüttert.

Die extreme Polarisierung der Gesellschaft hat dazu geführt, dass immer mehr Menschen glauben, das System sei manipuliert oder zu Gunsten bestimmter Eliten ausgerichtet. Politiker und Institutionen werden zunehmend als „korrupt" oder „unehrlich" angesehen, und viele Menschen fühlen sich von der Politik nicht mehr vertreten. Der Rückzug der Mitte aus der politischen Arena hat diese Entwicklung noch verstärkt. Wer nicht zu den Extremen gehört, wird als „Teil des Problems" betrachtet und verliert zunehmend die Fähigkeit, in der politischen Diskussion eine ernsthafte Rolle zu spielen.

Der Weg zurück zur Mitte?

Es gibt keinen einfachen Weg, die politische Mitte wiederzubeleben, aber es ist entscheidend für den Zusammenhalt der Gesellschaft und die Zukunft der Demokratie. Dazu gehört, dass die politischen Parteien wieder lernen, Brücken zu bauen, statt Gräben zu vertiefen. Politiker müssen den Mut haben, schwierige Kompromisse zu schließen, und sie müssen bereit sein, nicht nur ihre eigenen Wähler zu vertreten, sondern auch die Menschen in der Mitte der Gesellschaft, die sich in der aktuellen politischen Diskussion verloren fühlen.

Die Medien spielen ebenfalls eine wichtige Rolle. Sie müssen ihre Verantwortung als Vermittler ernst nehmen und nicht nur auf Sensationalismus setzen, sondern auch differenzierte, gut recherchierte Berichterstattung fördern. Auch die Bürger selbst müssen wieder lernen, miteinander zu sprechen und verschiedene Perspektiven zu respektieren. Der Dialog muss zurück in den öffentlichen Raum, ohne dass er von extremen Positionen dominiert wird.

Es ist an der Zeit, die politische Mitte nicht nur als etwas zu sehen, das in der Vergangenheit lag, sondern als eine aktive, notwendige Kraft, die die Gesellschaft zusammenhält. Nur durch den Dialog, den Austausch und das Streben nach Kompromissen kann die Gesellschaft wieder eine stabile Mitte finden, in der alle gehört werden und in der die Demokratie als solche gestärkt wird.

Fazit

Der Verlust der politischen Mitte und die zunehmende Entfremdung der Gesellschaft sind ein ernstes Problem für die Demokratie. Doch es ist nicht zu spät, den Dialog wieder zu eröffnen und nach Lösungen zu suchen, die die Gesellschaft einen. Die Aufgabe der Politik, der Medien und der Bürger ist es, sich der Polarisierung entgegenzustellen und eine Plattform für eine differenzierte, respektvolle Diskussion zu schaffen. Nur so können wir verhindern, dass die Entfremdung weiter voranschreitet und die Demokratie endgültig in die

Krise gerät.

Kapitel 14: Die Angst als Frau – Warum ich nicht einfach „hinnehme", was mir passiert

Die Wahrheit ist, dass die Angst, als Frau zu leben, eine ständige Begleiterin ist, eine Präsenz, die oft unmerklich im Hintergrund lauert, aber zu jedem Moment plötzlich hervorkommen kann, wie ein Schatten, der uns immerzu folgt. Es ist nicht nur die Angst vor Gewalt oder Bedrohung. Es ist die ständige Anspannung, immer bereit zu sein, sich in einer Gesellschaft zu behaupten, die oft mehr dazu neigt, über uns hinwegzusehen als uns zu schützen. Und die Frage, die sich dabei immer wieder aufdrängt, ist: Warum muss ich als Frau in dieser Gesellschaft immer wieder meine Rechte verteidigen? Warum wird meine Selbstbehauptung immer wieder als etwas Negatives, ja sogar als ein Angriff auf andere, wahrgenommen?

Ich erinnere mich an einen Tag, der mir diese

Frage wieder mit aller Schärfe vor Augen führte. Es war ein ganz normaler Nachmittag, ich war mit einer Freundin unterwegs, auf einem Spaziergang, nichts Ungewöhnliches. Doch es war dieser Moment, als zwei Männer uns auf der Straße begegneten. Sie begannen, uns mit lauten Sprüchen und Anspielungen zu belästigen. Zuerst versuchte ich, es zu ignorieren – man weiß ja nie, ob es nur Dummköpfe sind, die sich einen Spaß daraus machen, oder ob es wirklich in eine bedrohliche Richtung geht. Aber der Ton wurde schärfer, die Blicke beunruhigender. Sie gingen nicht weg, sondern versuchten, uns in eine Ecke zu drängen. Der eine machte abfällige Bemerkungen über mein Aussehen, der andere lachte hämisch.

Ich kann nicht sagen, dass ich wirklich überrascht war. Denn solche Situationen sind mittlerweile fast alltäglich. Und doch spürte ich diesen Moment der Entschlossenheit in mir. Ich drehte mich zu ihnen um und sagte ruhig, aber bestimmt: „Hört auf, uns zu belästigen, und lasst uns in Ruhe." Dieser Satz, der in einer anderen Situation vielleicht nicht weiter der Rede wert gewesen wäre, schien der Auslöser zu sein. Es war nicht nur ein „Einfach-so-Vorbeigehen" – nein, in diesem Moment war ich nicht mehr nur eine Frau, die durch die Straßen ging. Ich war plötzlich die, die sich wehrte. Ich war nicht bereit, mich einfach weiter beschimpfen und belästigen zu lassen. Ich wollte nicht die Frau sein, die ihre Augen nieder senkt, um der unangemessenen Aufmerksamkeit aus dem Weg zu gehen.

Doch anstatt Respekt zu erhalten, wurde ich sofort mit Beleidigungen überschüttet: „Nazischlampe", „deutsche Schlampe", „Halt deinen Mund, du dummes Ding". Ich war fassungslos. Wie konnte es sein, dass, nur weil ich den Mut hatte, mich zu wehren, ich nun als das „Problem" dargestellt wurde? Was war es, das diese Männer in ihren Augen dazu brachte, mich nicht nur als Frau, sondern als „Feindin" zu sehen, bloß weil ich die Grenze zog?

Die Situation eskalierte weiter. Einer der Männer schubste mich. Die Worte, die er rief, wurden lauter, aggressiver. Es war nicht nur eine Belästigung – es war ein Übergriff. Es ging jetzt nicht mehr nur um Worte, sondern um eine körperliche Grenze, die überschritten wurde. Das, was als bloße verbale Attacke begonnen hatte, wurde nun zu einem physischen Angriff. Ich forderte den Mann auf, sich zurückzuziehen – dreimal. „Hör auf, mich zu schubsen, hör auf, mich anzufassen", sagte ich ruhig, aber bestimmt. Doch er hörte nicht auf. In diesem Moment wusste ich: Ich hatte keine andere Wahl, als mich zu verteidigen.

Als der Mann weiter in meine Richtung ging, trat ich zurück, stieß ihn von mir weg, versuchte, mich zu befreien. Der Mann stürzte zu Boden, und ich wusste, dass ich es geschafft hatte, die Situation unter Kontrolle zu bringen. Doch anstatt dass dies als eine legitime Selbstverteidigung anerkannt wurde, sahen es die Umstehenden als etwas anderes. Der andere Mann, der in dem Moment, als er sah, dass sein Freund am Boden lag, flüchtete, kehrte mit einer Gruppe von Leuten zurück. Was nun folgte, war ein weiteres Kapitel der Gewalt. Plötzlich stand ich nicht mehr als die Frau da, die sich wehrte, sondern als die Täterin, die „gewalttätig" geworden war.

Polizei traf ein. Doch anstatt dass ich als das Opfer, das ich war, wahrgenommen wurde, musste ich mich erneut rechtfertigen. Die Menge, die sich mittlerweile versammelt hatte, beschimpfte mich als „Nazi-Schlampe", „Täterin", und „deutschlandverräterische Frau". Sie warfen mir vor, den Mann verletzt zu haben, der mich doch nur „gefragt hatte", was ich von ihm wolle. Es war ein absurdes Theater. Die Polizei, die mich eigentlich schützen sollte, versuchte, die Situation zu entschärfen, indem sie mich in ein Polizeiauto eskortierte, um mich vor den feindseligen Blicken der Umstehenden zu bewahren.

Doch was mich am meisten erschütterte, war die Tatsache, dass ich von den Polizisten, die die Situation begleiteten, mit den Worten „Es ist wirklich gut, dass du dich gewehrt hast. Es ist mal erfrischend zu sehen, dass sich auch eine Frau nicht einfach alles gefallen lässt" konfrontiert wurde. Die einen, die mich als Opfer wahrnahmen, schüttelten den Kopf und verurteilten mein Verhalten. Die anderen, die ich als die wenigen Mutigen betrachten wollte, lobten mich dafür, dass ich nicht „einfach so" nachgegeben hatte.

Wieder war ich die „Täterin", obwohl ich nur versucht hatte, mich zu verteidigen. Ich fühlte mich, als hätte ich mich in einer Gesellschaft wiedergefunden, in der eine Frau, die sich wehrt, sofort als „Feindin" abgestempelt wird. In einer Welt, in der man als Frau, die den Mut hat, ihre Grenzen aufzuzeigen, von anderen – nicht nur den Angreifern, sondern auch der Gesellschaft – sofort zur Zielscheibe gemacht wird. Es war eine brutale Erkenntnis, dass in dieser Welt, in der ich mich bewege, Selbstbehauptung oftmals als Bedrohung wahrgenommen wird.

Die Situation zeigte mir aber auch, dass sich etwas in unserer Gesellschaft verändert hat – dass Menschen, die sich nicht mehr an das Bild des „braven Opfers" anpassen, sofort stigmatisiert werden. Wer sich wehrt, wer aufsteht und gegen Unrecht auftritt, der wird nicht als Heldin gesehen. Stattdessen wird er oder sie als Problem, als Bedrohung betrachtet. Und das, was so oft als Selbstverteidigung wahrgenommen wird, wird zum „aktiven Angriff". Aber warum ist das so?

Das Bild der „braven Frau", die sich still und ohne Widerstand fügt, hat sich tief in der Gesellschaft verankert. Wer davon abweicht, wer sich gegen Übergriffe wehrt, der wird sofort verurteilt. Die Grenze zwischen Täter und Opfer verschwimmt in einer Gesellschaft, die nur das „ruhige, passive Opfer" anerkennt, während jeder Widerstand sofort als „Provokation" wahrgenommen wird. Und wenn es noch schlimmer kommt – wie in meinem Fall – dann wird dieser Widerstand als „rechtsradikal" und „extrem" abgestempelt.

Ich frage mich, wie lange diese Gesellschaft noch solche Zustände akzeptieren wird. Wie lange müssen wir noch warten, bis wir endlich als Frauen anerkannt werden, die sich nicht mit Übergriffen abfinden müssen? Wie lange noch müssen wir kämpfen, nur um unsere Menschlichkeit und unsere Rechte zu verteidigen? Und wann endlich wird es in den Köpfen der Menschen ankommen, dass Selbstverteidigung kein Verbrechen ist?

Kapitel 15: Das Problem der Integration: Warum es nicht funktioniert und was wir ändern müssen

Integration ist ein Thema, das in Deutschland immer wieder heftig diskutiert wird. Auf den ersten Blick scheint es ein einfaches Konzept zu sein: Menschen aus verschiedenen Ländern und Kulturen sollen sich in die Gesellschaft einfügen, sich anpassen und ihren Platz in der deutschen Gesellschaft finden. Doch die Realität sieht anders aus. Wir erleben eine zunehmende Entfremdung, Spannungen und eine scheinbare Unmöglichkeit, wirklich zusammenzufinden. Warum funktioniert Integration nicht, und was sind die Ursachen für dieses Scheitern?

Deutschland hat seit Jahrzehnten Zuwanderung erlebt. Wir haben Menschen aus vielen verschiedenen Ländern aufgenommen, sei es aus wirtschaftlichen Gründen, als Asylbewerber oder als Flüchtlinge. Doch was ist geschehen? Anstatt dass diese Menschen sich in die Gesellschaft integrieren, entsteht oft das Gegenteil: Parallelgesellschaften, in denen kulturelle, religiöse und soziale Unterschiede weiterbestehen und sich immer stärker verfestigen. Der Begriff der „Integration" scheint ein Lippenbekenntnis zu sein, das weder mit den tatsächlichen Bedürfnissen der Migranten noch mit den Anforderungen der deutschen Gesellschaft in Einklang steht.

Ein zentrales Problem liegt darin, dass Integration nicht nur auf den Zuwanderer abzielt, sondern auch von der Aufnahmegesellschaft verlangt, sich zu öffnen und zu verändern. Doch statt einer gegenseitigen Anpassung und dem Lernen voneinander scheint es eher zu einer Konflikterosion zu kommen. Es gibt immer wieder Berichte von Zuwanderern, die sich mit den Werten und Normen der deutschen Gesellschaft nicht identifizieren können und oft in ihren eigenen Kulturen und Traditionen verharren. Das führt zu einer Parallelwelt, in der sowohl die Migranten als auch die deutschen Bürger das Gefühl haben, nicht wirklich miteinander zu leben, sondern nebeneinander.

Das führt uns zu einer weiteren entscheidenden Frage: Was ist eigentlich die Vorstellung von Integration in Deutschland? Ist es die Idee, dass alle Zuwanderer die deutsche Kultur übernehmen und sich anpassen müssen, oder soll es ein kultureller Austausch sein, bei dem die Gesellschaften miteinander wachsen und voneinander lernen? Doch selbst der Vorschlag, Integration als einen wechselseitigen Prozess zu verstehen, wird von vielen in der deutschen Gesellschaft als Bedrohung empfunden. Die Angst vor dem Verlust der eigenen Identität und Kultur ist eine starke Triebkraft in der politischen und gesellschaftlichen Diskussion.

Der Staat hat hier versagt, und das in vielerlei Hinsicht. Erstens fehlt es an klaren und umsetzbaren Maßnahmen zur Integration von Zuwanderern. Es gibt keine einheitlichen Standards, wie die deutsche Sprache vermittelt werden soll, wie Arbeitsmarktintegration gefördert werden kann oder wie Zuwanderer in die Gesellschaft integriert werden sollen. Zweitens wird viel zu oft eine naiv positive Sichtweise auf die Integration eingenommen, ohne die echten Herausforderungen zu adressieren: die Unterschiede in der Bildung, im Arbeitsmarkt und in den sozialen Strukturen. Doch wenn man diese Probleme anspricht, wird man schnell in eine Ecke gedrängt.

Ja, was sind wir dann, wenn wir das Problem offen ansprechen? Wir sind wohl wieder „Nazi", „rechtsradikal" oder „Ausländerfeindlich", einfach nur, weil wir die offensichtlichen Mängel der Integration benennen. Es ist erstaunlich, wie schnell wir in eine Schublade gesteckt werden, sobald wir uns kritisch äußern. Die politische Korrektheit in

Deutschland hat sich zu einem Maulkorb entwickelt, der es immer schwerer macht, die Realität anzusprechen. Wer fordert, dass Migranten sich stärker anpassen sollen oder dass Zuwanderung nur unter bestimmten Bedingungen erfolgen darf, wird sofort als „rassistischer Nazi" gebrandmarkt, ohne dass eine differenzierte Diskussion stattfinden kann.

Es ist eine Form der Selbstzensur, die wir heute erleben, und sie lähmt den Diskurs. Wir dürfen keine echten Probleme mehr ansprechen, weil wir befürchten müssen, sofort abgestempelt zu werden. Dabei sind es genau diese offenen Gespräche, die notwendig sind, um die Mängel im Integrationsprozess zu erkennen und Lösungen zu finden. Es ist kein „Nazi"-Gedankengut, sondern die Suche nach einer funktionierenden Gesellschaft, die sowohl Zuwanderer als auch die alteingesessene Bevölkerung miteinander vereint und nicht weiter auseinanderdriftet.

Aber statt diese Diskussion zu führen, werden wir in eine Ecke gedrängt, in der es nur noch Schwarz und Weiß gibt. Entweder man ist für eine grenzenlose Offenheit und Toleranz oder man ist ein Feind der Integration und der Vielfalt. Das ist eine falsche Dichotomie. Deutschland muss verstehen, dass die Offenheit gegenüber anderen Kulturen nicht bedeuten darf, dass wir unsere eigene Identität aufgeben oder auf Zuwanderung in einer Form angewiesen sind, die die bestehenden gesellschaftlichen Strukturen überfordert.

Es ist eine riesige Herausforderung, Integration richtig zu gestalten. Das erfordert nicht nur die Bereitschaft der Zuwanderer, sich anzupassen, sondern auch eine Gesellschaft, die bereit ist, nicht nur die kulturellen Unterschiede zu akzeptieren, sondern auch die Realitäten der sozialen Probleme, die damit einhergehen, anzuerkennen. Leider wird diese Diskussion immer wieder verdrängt, weil es politisch nicht korrekt ist, in diese Richtung zu denken.

Und was sind wir, wenn wir diese Themen ansprechen? Wir sind wieder die bösen, die „Nazi-Schlampen", die den Unmut der politischen Korrektheit auf sich ziehen. Aber vielleicht ist es genau diese politische Korrektheit, die uns hindert, die tatsächlichen Probleme zu lösen. Wir müssen uns die Frage stellen, ob es nicht wichtiger ist, eine ehrliche Debatte zu führen, die auf Fakten basiert, als uns in einem künstlichen Konsens zu bewegen, der die wahren Probleme übersieht. Nur so können wir verhindern, dass Deutschland sich weiter zersplittert, und nur so können wir eine Gesellschaft schaffen, die wirklich auf Integration und Zusammenhalt setzt.

Kapitel 16: Der Unterschied zwischen Nazi und Rassismus: Zwei Begriffe, die oft verwechselt werden

In der heutigen politischen und gesellschaftlichen Diskussion werden die Begriffe „Nazi" und „Rassismus" häufig in einen Topf geworfen, obwohl sie in ihrem Ursprung und ihrer Bedeutung grundlegend unterschiedlich sind. Es ist wichtig, diese beiden Konzepte klar voneinander zu trennen, um Missverständnisse zu vermeiden und die richtigen Gespräche führen zu können. Der unreflektierte Gebrauch dieser Begriffe hat dazu geführt, dass eine differenzierte Auseinandersetzung mit beiden Themen immer schwieriger wird. Es wird so getan, als wären diese beiden Begriffe Synonyme, doch das sind sie definitiv nicht. Der Versuch, diese Begriffe auseinanderzuhalten, ist nicht nur notwendig, um sich die historische und ideologische Bedeutung der Begriffe bewusst zu machen, sondern auch, um eine tiefere, faktenbasierte Diskussion über Rassismus und dessen Erscheinungsformen zu führen.

1. Der Begriff „Nazi"

Der Begriff „Nazi" ist eine Abkürzung für „Nationalsozialist" und bezeichnet einen Anhänger der nationalsozialistischen Ideologie, die in Deutschland unter der Führung von Adolf Hitler während der Zeit des Zweiten Weltkriegs vorherrschte. Die Nationalsozialisten verfolgten ein extrem autoritäres, rassistisches und antisemitisches Weltbild. Sie glaubten an die Überlegenheit der „arischen Rasse" und strebten nach einer „reinen" deutschen Nation, die ethnisch homogen war. Unter diesem Vorwand begingen sie grausame Verbrechen gegen die Menschlichkeit, darunter den Holocaust, bei dem sechs Millionen Juden und Millionen anderer Minderheitengruppen ermordet wurden.

Ein „Nazi" in diesem historischen Kontext ist also eine Person, die diese extremistischen Ideologien vertritt, die geprägt sind von einem unbändigen Nationalismus, Rassismus, Antisemitismus und der Überzeugung, dass bestimmte Völker und Ethnien weniger wert sind als andere. Ein Nazi ist daher jemand, der mit dieser spezifischen Ideologie des Nationalsozialismus verbunden wird. Der Begriff

„Nazi" ist also eng verknüpft mit einer bestimmten historischen Bewegung, einer politischen Ideologie und einer ganzen Reihe von Verbrechen, die unter diesem Banner begangen wurden.

2. Der Begriff „Rassismus"

Rassismus hingegen ist ein breiterer Begriff, der sich auf die Überzeugung stützt, dass Menschen aufgrund ihrer Rasse oder ethnischen Herkunft unterschiedliche Werte, Fähigkeiten und Rechte haben. Rassismus kann sich auf verschiedene Weisen manifestieren: in Vorurteilen, Diskriminierung, Ungleichbehandlung oder Gewalt gegen Menschen aufgrund ihrer Hautfarbe, Herkunft, Kultur oder Religion. Der Rassismus, von dem in der heutigen Gesellschaft oft gesprochen wird, bezieht sich weniger auf eine spezifische politische Bewegung oder Ideologie, sondern vielmehr auf eine weit verbreitete, oft unbewusste Haltung, die davon ausgeht, dass bestimmte Rassen oder Ethnien den „normativen" Standard darstellen, während andere minderwertig sind.

Während ein Nazi ein Rassist sein kann – und es auch oft war – ist Rassismus ein viel breiteres Konzept. Rassismus ist nicht nur auf eine bestimmte historische Ideologie oder einen bestimmten politischen Kontext angewiesen. Menschen können rassistisch sein, ohne sich mit der Ideologie des Nationalsozialismus zu identifizieren. Rassismus ist heute auch nicht nur auf Menschen mit extremistischen Ansichten beschränkt, sondern kann subtiler und weniger sichtbar sein. Es kann in alltäglichen Vorurteilen, in der Art und Weise, wie Menschen behandelt werden, oder in den systematischen Ungleichheiten bestehen, die bestimmte ethnische Gruppen benachteiligen.

3. Der Missbrauch der Begriffe

Es gibt einen gefährlichen Trend, diese beiden Begriffe immer wieder miteinander zu vermischen, insbesondere in öffentlichen und politischen Diskussionen. Wer sich kritisch zu Fragen der Migration oder Integration äußert, wird schnell als „Nazi" oder „rassistisch" abgestempelt, unabhängig davon, wie differenziert und fundiert die Argumente sind. In einer Zeit, in der politische Korrektheit und die Angst vor „rechts" oder „rassistisch" zu sein, die Diskussionen dominieren, wird jeder, der sich von der Mainstream-Meinung abhebt, oft mit diesen Etiketten belegt.

Doch dieses Etikettenschieben ist problematisch, da es den Blick auf die tatsächlichen Probleme und Differenzen verwehrt. Der Begriff „Nazi" wird heute viel zu inflationär verwendet und verliert dadurch an Bedeutung. Wer als Nazi bezeichnet wird, der wird in eine extremistische Ecke gedrängt, die oft mit Gewalt, Hass und totalitären Ideen verbunden ist. Doch das hat wenig mit dem alltäglichen Rassismus zu tun, den viele Menschen in Deutschland erleben. Rassismus ist nicht immer mit nationalsozialistischem Gedankengut verbunden. Ein Rassist kann auch jemand sein, der keine extremistischen politischen Ansichten hat, aber trotzdem Vorurteile gegenüber bestimmten ethnischen oder kulturellen Gruppen hegt.

Wenn jeder, der sich kritisch äußert, sofort als „Nazi" oder „rassistisch" bezeichnet wird, dann wird es immer schwieriger, über wichtige gesellschaftliche Fragen wie Integration, Migration und kulturelle Vielfalt zu sprechen. Diese Etiketten verhindern eine sachliche Auseinandersetzung mit den tatsächlichen Problemen, die in der Gesellschaft existieren. Es wird keine Möglichkeit mehr gegeben, differenziert zu diskutieren, ohne sich automatisch in eine extreme Ecke gedrängt zu fühlen.

4. Warum diese Unterscheidung wichtig ist

Es ist wichtig, den Unterschied zwischen „Nazi" und „Rassismus" klar zu verstehen, weil es die Grundlage für eine fundierte und differenzierte Debatte legt. Wenn wir die Begriffe vermischen, verlieren wir den Blick auf das Wesentliche: Es gibt viele Formen von Rassismus, und nicht alle hängen mit der nationalsozialistischen Ideologie zusammen. Ein Nazi ist jemand, der spezifische Ideologien vertritt, die mit Nationalsozialismus und extremem Nationalismus verknüpft sind. Ein Rassist ist jemand, der glaubt, dass Menschen aufgrund ihrer Herkunft oder Ethnie unterschiedlich behandelt werden sollten.

Wir müssen uns darüber im Klaren sein, dass es nicht nur um extreme Ideologien geht, sondern auch um die alltäglichen Formen von Diskriminierung und Vorurteilen, die in unserer Gesellschaft existieren. Diese müssen genauso benannt und bekämpft werden. Wenn wir uns jedoch immer wieder in extremistische Begriffe wie „Nazi" oder „rassistisch" flüchten, verhindern wir eine sachliche und lösungsorientierte Auseinandersetzung mit den tieferliegenden Problemen.

Die Unterscheidung hilft uns also, die Diskussion zu vertiefen und zu differenzieren. Anstatt uns in unproduktiven Etikettenkämpfen zu verlieren, sollten wir uns fragen, wie wir als Gesellschaft die verschiedenen Formen von Rassismus und Diskriminierung erkennen und bekämpfen können, ohne die Debatte in extreme Pole zu treiben. Nur dann können wir eine Gesellschaft schaffen, die wirklich auf Integration und Respekt vor der Vielfalt setzt, ohne in die Fallen von Extremismus und Pauschalisierung zu tappen.

Kapitel 17: Warum wir mit zweierlei Maß messen – Eine Gesellschaft im Spannungsfeld der Meinungsfreiheit

In der heutigen Zeit, besonders in Deutschland, ist es fast schon eine Gewissheit: Sobald man sich kritisch äußert – sei es zu politischen Themen oder zu gesellschaftlichen Problemen – wird man schnell mit negativen Etiketten belegt. Wenn wir als Bürger, als ganz normale Menschen, unseren Standpunkt vertreten, müssen wir damit rechnen, schnell in eine Schublade gesteckt zu werden. Ein Standardbeispiel dafür ist, dass viele von uns, die den Mut haben, sich gegen Missstände in der Gesellschaft oder der Politik zu äußern, gleich als „Nazi" abgestempelt werden. Das gilt besonders dann, wenn wir uns kritisch mit Themen wie Migration, der Flüchtlingskrise oder der Integrationspolitik auseinandersetzen.

Doch warum ist das so? Warum werden kritische Stimmen sofort mit den schlimmsten Vorurteilen und Anschuldigungen in Verbindung gebracht, als hätten wir das Grundrecht auf freie Meinungsäußerung nicht verdient? Warum wird ein sachlicher und differenzierter Diskurs sofort von solchen Etiketten wie „rassistisch" oder „rechts" überschattet?

Der erste Punkt, der hier anzusprechen ist, liegt in der Art und Weise, wie die Gesellschaft mit solchen Themen umgeht. Die politische Korrektheit, die in vielen Bereichen des öffentlichen Lebens vorherrscht, setzt uns als Individuen unter einen enormen Druck. Kritik an der Flüchtlingspolitik? Sofort wird man als „rechtsradikal" bezeichnet. Zweifel an der politischen Richtung der Regierung? Direkt wird man als „verblendeter Nationalist" abgestempelt. In Deutschland scheint es oft nur zwei Kategorien zu geben: diejenigen, die der politischen Korrektheit folgen und sich in der „Mitte" befinden, und diejenigen, die „rechts" sind – selbst wenn ihre Meinungen vollkommen unpolitisch sind.

Doch das größte Dilemma entsteht dann, wenn man den Mut hat, sich über den „Mainstream" hinweg zu äußern, und diese Meinung dann auch noch öffentlich vertreten möchte. Gerade dann wird man schnell zu einem Sündenbock, einem Ziel, das ohne viel Nachdenken mit einem Begriff belegt wird, der einem im schlimmsten Fall das Leben schwermacht. Man muss sich nur mal vorstellen, wie schnell der Vorwurf des „Rassismus" in die Welt gesetzt wird, sobald jemand ein Thema anspricht, das in irgendeiner Weise auch nur ansatzweise als unangemessen wahrgenommen wird. Sei es durch eine kritische Haltung zur Zuwanderung oder eine bestimmte Form der Asylpolitik. Genau dann, wenn wir uns zu Wort melden und die Debatte in eine andere Richtung lenken wollen, werden wir plötzlich als „Nazis" bezeichnet. Aber was, wenn unsere Haltung nichts mit rechten Ideologien zu tun hat, sondern mit berechtigtem Unmut oder Sorge um die eigene Gesellschaft? Warum gibt es diese Gleichsetzung zwischen Kritik und extremistischen Ansichten?

Und dann gibt es noch das andere Phänomen, das im selben Atemzug erwähnt werden muss: die Differenzierung, die wir im Umgang mit anderen Stimmen weltweit beobachten. Warum ist es in vielen Fällen vollkommen akzeptiert, dass sich Menschen zu extremistischen oder terroristischen Ideologien äußern, ohne dass die gleiche Konsequenz wie bei uns in Deutschland zu spüren ist? Wenn sich jemand in einem westlichen Land öffentlich für Terrorismus ausspricht, etwa für den IS oder andere terroristische Gruppen, dann ist das in vielen Fällen eine Straftat. Doch wie sieht es aus, wenn diese Sympathien von anderen Seiten kommen? Warum bleibt das manchmal ungestraft, während Kritik an der Gesellschaft hierzulande oft direkt zu einem gesellschaftlichen Ausschluss führt?

Ein Beispiel, das den Irrsinn der doppelten Standards verdeutlicht, ist die Tatsache, dass in vielen westlichen Ländern, einschließlich Deutschland, Kritik an der Politik oder an der gesellschaftlichen Ausrichtung oft sofort mit einer Eskalation verbunden wird. Doch, wenn sich Menschen aus bestimmten Kulturen oder Ländern – in der Regel mit terroristischem Hintergrund – gegen die westliche Gesellschaft stellen, dann wird das teils als „politische Meinungsfreiheit" oder als „Reaktion auf Diskriminierung" interpretiert. Dies ist ein vollkommen unhaltbares System der Differenzierung, das die Gesellschaft schwächt und zur Spaltung beiträgt. Wenn jemand also aus der rechten Ecke kommt, wird seine Meinung als gefährlich eingestuft und er wird oft schnell rechtlich belangt, aber wenn jemand aus der linken oder einer extremistischen Ecke kommt, dann gibt es plötzlich Freiräume, in denen extremistische Ideen als legitim oder gar als „Protestkultur" wahrgenommen werden.

Und genau das ist es, was mich an diesem System stört. Warum werden Menschen, die sich kritisch mit der Gesellschaft und den aktuellen politischen Systemen auseinandersetzen, sofort als Bedrohung wahrgenommen? Und warum müssen wir uns dann auch noch einem solchen gesellschaftlichen Druck aussetzen, der uns zur „Schwiegermutter der Nation" oder zum „guten Deutschen" macht, während diejenigen, die sich in extremistische oder gewalttätige Ideologien flüchten, in ihrer Haltung nicht genauso geächtet werden?

Es kommt mir vor, als würden wir mit einer völlig verzerrten Wahrnehmung durch die Welt gehen – als ob es eine Gruppe von Menschen gäbe, die sich einer ganz anderen Art von Weltanschauung bedient und das zur Norm erhoben wird. Aber was passiert dann mit der tatsächlichen Meinungsfreiheit? Was passiert mit dem Recht, sich über politische Themen und gesellschaftliche Probleme zu äußern, ohne dass einem sofort ein Stempel aufgedrückt wird, der nicht gerechtfertigt ist?

Die Toleranz gegenüber extremistischen Ideen auf der einen Seite und die sofortige Verurteilung gegenüber jenen, die sich kritisch äußern, sind problematisch. Es wird zu oft mit zweierlei Maß gemessen – und das, obwohl jeder Mensch das Recht hat, seine Meinung zu äußern, ohne dass er sofort in eine ideologische Ecke gedrängt wird, die ihm nicht entspricht.

Das ist das Problem, das wir haben. Es geht nicht nur darum, Meinungen zu äußern, sondern auch darum, dass wir es in einer Gesellschaft tun können, in der wir nicht sofort von der Mehrheit oder den politischen Institutionen angegriffen werden, weil unsere Haltung nicht dem allgemeinen Konsens entspricht.

Kapitel 18: Ja, was bin ich denn nun? Bin ich ein Nazi, ein Rassist? Oder denke ich einfach anders?

Was bin ich eigentlich? Bin ich ein Nazi? Ein Rassist? Oder bin ich einfach jemand, der andere Gedanken hat, der eine andere Perspektive einnimmt? Ein Mensch, der sich Sorgen um die Zukunft seines Landes macht und für eine positive Veränderung kämpfen möchte. Und vor allem: Muss ich mich rechtfertigen, nur weil ich in einer Gesellschaft lebe, in der es zunehmend schwerer wird, zwischen verschiedenen politischen und gesellschaftlichen Meinungen zu differenzieren? Und warum wird mir meine Liebe zu Deutschland – zu meiner Heimat – als etwas Verwerfliches angerechnet? Ist es so schlimm, zu sagen, dass ich mein Land liebe und mir eine bessere Zukunft wünsche? Muss mich das wirklich sofort in eine Schublade stecken, aus der es kein Entkommen mehr gibt?

Diese Fragen quälen mich immer wieder, besonders wenn ich mit Menschen spreche, die sich oft so weit von dem entfernen, was ich für eine ausgewogene Meinung halte. Warum ist es in Ordnung, wenn ein Franzose sagt: „Ich liebe Frankreich!" oder wenn ein Pole stolz auf sein Land ist, aber wenn ich als Deutsche sage, dass ich Deutschland liebe, dann werde ich sofort in die Ecke der „Rechten" gestellt, der „Nationalisten", der „Rassisten"? Warum darf ich nicht sagen, dass ich auf eine bessere Zukunft für mein Land hoffe, ohne sofort als Nazi abgestempelt zu werden?

Ich habe das Gefühl, dass eine gesunde nationale Identität und der Stolz auf das eigene Land zunehmend als etwas „Gefährliches" betrachtet werden, als etwas, das nur mit negativen Assoziationen verbunden ist. Und das ist der Punkt, an dem ich oft an meine eigenen Werte und meine eigene Identität zweifle. Warum muss das ständig herangezogen werden, um eine natürliche Liebe zum eigenen Land zu diskreditieren? Ich fühle mich, als würde einem die Möglichkeit genommen, stolz auf das zu sein, was in der Geschichte auch gut war – die Werte, die in der Nachkriegszeit entwickelt wurden, der Wiederaufbau, die kulturelle Vielfalt und die Bedeutung des sozialen Zusammenhalts. Warum ist es in Ordnung, auf den deutschen Wohlstand und die Demokratie stolz zu sein, solange dieser Stolz nicht mit einer „politischen Agenda" verbunden ist?

Es scheint, als ob es in Deutschland fast unmöglich geworden ist, über nationale Identität zu sprechen, ohne dass gleich der Verdacht aufkommt, man würde sich auf die Seite der Rechten schlagen. Was passiert mit einem Land, das so überempfindlich auf den Begriff „Nationalstolz" reagiert? Warum können wir nicht über unsere eigene Geschichte und unsere eigene Identität nachdenken, ohne dass diese Reflexion sofort zu einer politischen Ideologie führen muss? Es ist, als hätten wir kollektiv verlernt, dass es auch Raum für positive Identifikation mit dem eigenen Land geben kann – ohne gleich in eine politische Ecke geschoben zu werden.

Ich erinnere mich an eine Diskussion, die ich kürzlich hatte. Eine Freundin von mir sagte: „Warum bist du so stolz auf Deutschland? Was hast du davon? Wir sind doch hier sowieso die Bösen, oder?" Dieser Satz hat mich zum Nachdenken gebracht. Warum wird dieser Stolz auf unser Land als etwas Schlechtes angesehen? Ich bin stolz auf meine Herkunft, auf mein Land, auf das, was es mir ermöglicht hat und immer noch ermöglicht. Aber diese Frage hat mir gezeigt, wie tief die Spaltung in unserer Gesellschaft geht – und wie wenig wir in der Lage sind, stolz zu sein, ohne uns dafür zu schämen. Warum wird mir immer wieder gesagt, dass es „falsch" ist, sich zu diesem Land zu bekennen, obwohl ich keine feindliche Haltung gegenüber anderen Nationen habe? Warum muss das immer politisiert werden?

Das Problem ist, dass man heute, besonders in den sozialen Medien und der öffentlichen Debatte, so schnell in eine Schublade gesteckt wird. Man wird schnell verurteilt, weil man nicht dem Mainstream entspricht. Doch warum kann es nicht auch einfach darum gehen, dass ich eine andere Sichtweise habe? Dass ich nicht der Meinung bin, dass Deutschland alles falsch gemacht hat oder dass alles immer schlechter wird. Warum muss jemand, der sich Sorgen über die Zukunft macht, sofort als jemand betrachtet werden, der die Gesellschaft spalten will? Vielleicht denke ich einfach nur anders. Vielleicht bin ich jemand, der hofft, dass wir als Gesellschaft wieder zusammenfinden und uns nicht immer weiter auseinanderdividieren. Ist das so verwerflich?

Ich frage mich oft: Warum wird jede Form der Kritik, sei es an der Politik, an der Migration oder an der Gesellschaft im Allgemeinen, sofort in die „rechte" Ecke gezogen? Ist es nicht möglich, eine andere Meinung zu haben, ohne dass man gleich in die Nähe von Extremismus gerückt wird? Warum wird jeder, der sich mit diesen Themen beschäftigt, sofort als jemand wahrgenommen, der Hass schürt? Muss jeder, der sich für die Zukunft seines Landes sorgt, sofort als jemand wahrgenommen werden, der gegen andere Menschen ist?

Es gibt viele Menschen, die wirklich nur das Beste für ihr Land wollen. Sie wünschen sich, dass Deutschland wieder stärker wird, dass die

Gesellschaft solidarischer ist und dass wir auf die Probleme, die wir haben, mit einer klaren und offenen Diskussion reagieren. Aber diese Wünsche werden immer wieder als „Nazi-Gedanken" abgetan. Sie werden nicht gehört, sie werden nicht akzeptiert – und das führt zu einer wachsenden Entfremdung in der Gesellschaft.

Ich habe das Gefühl, dass die Gesellschaft zunehmend die Fähigkeit verliert, über komplexe Themen differenziert nachzudenken. Wenn ich die Probleme anspreche, die mit der Migration und Integration verbunden sind, wird mir sofort gesagt, dass ich rassistisch sei. Aber warum kann ich nicht einfach die Frage stellen: „Wie können wir besser integrieren?" Warum muss diese Frage sofort mit einem Stempel versehen werden, der mich zu einem Feind der Gesellschaft macht? Es geht nicht darum, Menschen auszugrenzen, sondern darum, Lösungen zu finden, die für alle funktionieren. Aber das wird nicht akzeptiert – stattdessen wird man als jemand abgestempelt, der gegen den Rest der Welt ist.

Was ich mir wünsche, ist eine Gesellschaft, in der es wieder möglich ist, ohne Angst vor Repressalien zu denken und zu sprechen. In der es nicht nur einen richtigen Weg gibt, sondern mehrere Wege, die respektiert werden. Eine Gesellschaft, in der der Nationalstolz nicht mit Hass verwechselt wird. In der es Raum für Diskussionen gibt, in denen sich jeder – unabhängig von seiner politischen Meinung – gehört und respektiert fühlt. Warum kann es nicht so einfach sein? Warum muss es immer so schwierig sein, zu sagen: „Ich liebe mein Land und möchte, dass es in eine bessere Zukunft geht, in der alle ihren Platz finden können, ohne Angst und ohne Hass?" Warum wird eine solche Haltung so schnell zu einem Angriff auf die Gesellschaft gemacht?

Vielleicht bin ich einfach jemand, der die Dinge anders sieht. Vielleicht denke ich einfach anders, und das macht mich nicht zu einem schlechten Menschen. Vielleicht möchte ich einfach nur ein Deutschland sehen, das stark ist, das stolz ist, das auf einer positiven Identität aufbaut – und das nicht automatisch als rassistisch oder nationalistisch abgetan wird, nur weil es sich für die eigene Zukunft starkmacht. Und vielleicht ist das nicht nur meine Meinung, sondern auch die vieler anderer Menschen, die sich ebenfalls mit dem Stigma der „Unpolitischen" auseinandersetzen müssen.

Ich möchte, dass es in Deutschland wieder einen Raum gibt, in dem wir stolz sein können ohne dass uns dieser Stolz in eine politische Richtung drängt, die uns unangenehm ist. Denn am Ende geht es nicht darum, welcher politischen Gruppe man angehört oder welche Etiketten man bekommt. Es geht darum, ein Land zu lieben und für eine Zukunft zu kämpfen, in der sich alle Menschen respektiert und sicher fühlen können. Und vielleicht, nur vielleicht, sollte das der eigentliche Kern dessen sein, was es bedeutet, ein Deutscher zu sein.

Wenn ich nach vorne blicke, hoffe ich darauf, dass wir irgendwann wieder in der Lage sein werden, ein respektvolles, differenziertes Gespräch über unsere nationale Identität zu führen, ohne dass sofort Pauschalisierungen und Verurteilungen folgen. Dass wir als Gesellschaft erkennen, dass der Wunsch nach einer besseren Zukunft, nach einer stärkeren Nation, nach einem vereinten Land keine extremistische oder negative Haltung impliziert, sondern eine Sehnsucht nach Wohlstand, Sicherheit und Zusammenhalt für alle. Ich hoffe, dass es uns gelingt, die Unterschiede zu respektieren und dennoch als ein Land gemeinsam in eine bessere Zukunft zu gehen, ohne uns gegenseitig in Kästchen zu stecken. Denn der wahre Fortschritt liegt nicht in der Spaltung, sondern im Dialog und in der Bereitschaft, voneinander zu lernen und gemeinsam zu wachsen.

Nachwort:

Ich hoffe, wir können Deutschland retten. Ich hoffe, dass wir es schaffen, unser Land wieder zu alter Stärke zu verhelfen, zu einem Ort, an dem sich alle sicher fühlen, an dem Respekt und Menschlichkeit die Grundlage unseres Zusammenlebens sind. Es mag eine Herausforderung sein, aber ich glaube, dass es möglich ist, wenn wir als Gesellschaft zusammenarbeiten und uns nicht in unsere Ecken zurückziehen. Wir müssen den Mut haben, unsere Stimmen zu erheben, unsere Sorgen zu äußern und uns die Freiheit nehmen, nicht in eine bestimmte politische Richtung gedrängt zu werden, nur weil wir eine andere Meinung haben oder anders denken. Es ist an der Zeit, den Dialog zu suchen, die Unterschiede zu respektieren und nicht zuzulassen, dass Ängste und Vorurteile die Führung übernehmen.

Deutschland war immer ein Land, das für Fortschritt, Innovation und eine starke Gemeinschaft stand. Wir dürfen nicht zulassen, dass die aktuelle politische Landschaft uns von diesem Weg abbringt. Wir müssen den Blick auf das Gemeinwohl richten, auf das Wohl der Menschen in diesem Land, und dabei dürfen wir unsere Werte nicht verlieren. Wir sollten das Beste aus uns herausholen und uns gegenseitig unterstützen, anstatt uns zu bekämpfen.

Es ist nicht zu spät, für eine Zukunft zu kämpfen, in der wir wieder stolz auf das sein können, was wir als Gesellschaft erreicht haben und noch erreichen können. Aber das erfordert, dass wir über unseren eigenen Schatten springen, dass wir uns den schwierigen Themen stellen und eine Haltung einnehmen, die von Respekt und Verantwortung geprägt ist. Wir können uns die Fehler der Vergangenheit nicht mehr leisten, aber wir können die richtigen Schritte in die Zukunft machen, wenn wir gemeinsam anpacken.

Es geht nicht darum, blind zu sein für die Fehler und Herausforderungen, die wir als Nation haben, sondern darum, sie zu erkennen und zu überwinden. Deutschland hat Potenzial, Deutschland kann wieder stärker werden – aber nur, wenn wir uns nicht von den Ängsten und der Spaltung lähmen lassen. Wir müssen uns fragen: Was können wir tun, um zu einer besseren, vereinten Zukunft beizutragen?

Ich bin zuversichtlich, dass wir das schaffen können, wenn wir nur den Willen dazu haben. Es geht um das, was uns verbindet, nicht das, was uns trennt. Und vielleicht ist es diese Erkenntnis, die uns wieder auf den richtigen Weg führt.

www.ingramcontent.com/pod-product-compliance
Lightning Source LLC
Chambersburg PA
CBHW071015250726

48653CB00005B/1623